SUITE DES
ESSAIS HISTORIQUES
ET ANECDOTIQUES.

A PARIS,

Chez { ANCELLE, Libraire, rue de la Harpe, N.º 44.
PIGORREAU, Libraire, place S.t-Germain-
l'Auxerrois.

A ROUEN,

Chez VALLÉE, Libraire, rue Béfroi, N.º 22.

SUITE DES
ESSAIS HISTORIQUES
ET ANECDOTIQUES

SUR LE

COMTÉ, LES COMTES,

LA VILLE D'EVREUX

ET PAYS CIRCONVOISINS,

Depuis l'an 1200 , jusqu'à la Réunion du Comté d'Evreux à la Couronne, et tems postérieurs.

Par M. MASSON-DE-S.t-AMAND,

Ancien Maître des Requêtes, ancien Préfet du Département de l'Eure, Chevalier de la Légion d'honneur, Membre de l'Académie des Sciences, Belles-Lettres et Arts de Rouen, Honoraire de la Société d'Agriculture, Sciences et Arts, et de celle de Médecine du Département de l'Eure.

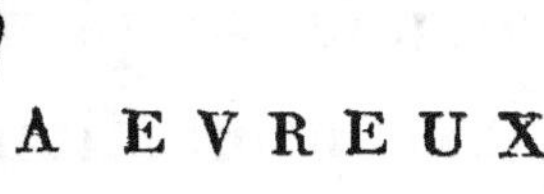

A EVREUX,

De l'Imprimerie d'Ancelle fils, Imprimeur de la Préfecture, etc.

1815.

PRÉFACE.

Lorsque, il y a deux ans, j'essayais de tracer quelques aperçus sur l'Histoire d'Evreux et pays adjacens compris dans l'enclave du Département de l'Eure, mon projet n'était point de prolonger mes récits au-delà de la réunion du Comté d'Evreux, et peu après, du Duché de Normandie à la Couronne de France, par le Roi Philippe-Auguste.

J'invitais, dans mon Avant-Propos, quelqu'un des citoyens d'Evreux, à s'occuper de la continuation de mon travail, et je me permettais d'indiquer le plan d'après lequel je croyais cette continuation plus convenable. Je ne m'attendais pas à répondre moi-même à cet appel. L'accueil avec lequel mes Essais ont été encouragés, et un certain attrait de ma part pour les recherches Historiques, ont bientôt dirigé mes pensées vers les bornes que j'avais volontairement posées, et j'ai conçu l'idée de les franchir dans une seconde partie. Je l'ai écrite, non plus dans le sens que j'indiquais, mais sur un plan plus développé, et pouvant offrir un intérêt plus général. Il ne suffit pas en effet de fixer l'attention d'une portion circonscrite de Lecteurs, il est plus satisfaisant pour un Historien d'espérer cette attention d'une plus grande majorité, et de travailler avec ce but pour perspective.

Ce n'est donc point seulement pour les habitans de l'ancien Comté et de la ville d'Evreux, que j'entreprends la suite de mes Essais ; si un intérêt direct les place en première ligne parmi les Lecteurs dont j'ambitionne le suffrage, j'aime à me persuader qu'aucun habitant de l'an—

cienne Normandie, qu'aucun français même ne pourra se croire étranger aux faits mentionnés dans mes nouvelles narrations, dont l'Histoire de France est la base, et où nos Rois occupent successivement et chronologiquement une place très-remarquable.

Avant de parler en bref des sources dans lesquelles j'ai puisé mes renseignemens pour cette seconde partie, je vais, revenant un instant sur ma première, dire un mot d'un Ouvrage dont je connaissais l'existence, mais que dans le tems je n'avais pu me procurer. Je veux parler de l'Histoire composée par Gabriel Dumoulin, Curé de Menneval, près Bernay, intitulée *Histoire générale de Normandie, Rouen* 1631. Le cadre adopté par cet Historien, offre une beaucoup plus grande latitude que le mien, puisque, comme on peut voir, d'après son titre, il embrasse l'Histoire de toute une Province, dont je n'ai, moi, entrepris qu'une fraction. Toutefois, sous le rapport des époques, j'ai, sans m'en douter, parcouru la même carrière que Gabriel Dumoulin avait parcourue avant moi ; et, comme lui, je me suis arrêté à l'an 1200. Mais mon Histoire, ponr les contrées qu'elle embrasse, n'est qu'un abrégé succinct de celle dont il offre des détails beaucoup plus étendus. J'ai à regretter que cet ouvrage soit tombé trop tard sous ma main, j'en aurais volontiers recueilli plusieurs faits , qui , choisis avec discernement , eussent assez naturellement trouvé leur place dans mon travail , et l'eussent rendu plus complet. Après cet aveu, je dirai avec la même franchise , que j'aurais probablement présenté ces faits sous des couleurs moins ternes que celles qu'il a employées dans ses tableaux. En lui rendant la justice qui lui est due toute entière , il est difficile

d'écrire avec plus de disgrâce et d'incor-
rection que ne l'a fait ce bon Curé ; et
cependant des pièces de vers imprimées en
tête de son livre , lui sont adressées par
des Auteurs distingués du tems. Elles le
comblent d'éloges qui , en commençant
par m'expliquer sur ces rimailleurs , ne
font pas le leur ; les uns font des stances,
les autres des quatrains en son honneur.
Parmi ces Poètes louangeurs, on remarque
Scudéri , celui de qui Voltaire a dit que
l'Auteur était plus connu que ses ouvrages. Natif du Hâvre , Poète Normand ,
Scudéri a cru devoir aux productions
d'un compatriote , de les chanter dans
une Ode , dont voici la dernière strophe :

> L'auteur , par un chemin facile ,
> Qu'il applanit de toutes parts ;
> Y fait marcher les léopards ,
> Sous les armes de la Sicile.
> Raoul y paraît rajeuni ;
> Son visage , presque terni ,

Refleurit comme une prairie ;
Mais ce qui l'a pu secourir ,
C'est l'encre de l'Imprimerie ,
Qui seule empêche de mourir.

La pompe poétique de cette strophe offre un échantillon qui peut faire juger de la pièce , et amuser un moment mes Lecteurs. Il est bon , après cette citation accessoire , de les réjouir encore par un morceau de la prose de Dumoulin, qui , d'ailleurs , est le personnage principal dont je m'occupe un instant. J'ouvre son livre , et à la première page qui se rencontre, car tout est écrit à peu près du même style , je trouve un récit que l'on se rappellera peut-être avoir lu dans ma première partie. Il est question de Julienne , fille naturelle de Henri I.er, Roi d'Angleterre , mariée à Eustache , Comte de Breteuil , peu après en révolte contre le Roi, son beau-père. Henri, maître de la ville de Breteuil , avait mis le siége devant le château de cette ville, où Julienne, soutenant la cause du Comte, son mari, en opposition avec Henri, son père, s'était retirée, se proposant de s'y défendre. Un froid rigoureux survient la nuit, les fossés de la place se trouvent pris de la gelée, et favorisent l'attaque que projettent les assaillans. L'audacieuse Julienne, opiniâtre et dénaturée dans sa résistance, profite de la circonstance; et, ne voyant de salut pour elle que dans une périlleuse évasion, risquant sa vie, s'échappe du fort par une fenêtre, à l'aide d'une mauvaise corde, et parvient à rejoindre son mari à Pacy : tels sont les faits.

Voici maintenant, et avec des détails plus circonstanciés, la manière dont le Curé de Menneval fait le récit de cette aventure ; je le copie ici littéralement :

« Henri sachant que sa fille était désia

» enfermée dans le château, plante le
» siége devant, la presse. Iulianne, en
» cette presse et gesne d'afflictions, comme
» il n'y a malice égale à celle de la femme,
» se résout de tremper ses parricides mains
» au sang de l'oingt du Seigneur, et
» pour donner effet à cette maudite, dé-
» testable et damnable résolution, elle
» demande à parler au Roi son père. Lui
» qui eust plustôt cru que l'eau et le feu
» se fussent ioints ensemble, que sa fille
» eut conçeu dans son âme une si grande
» impiété, vient au lieu désigné. Arrivé,
» elle débande un arbalestre sur lui, mais
» la flèche ne le toucha point. Lors Sa
» Majesté animée d'une iuste colère, fait
» rompre le pont du château. Ensuite
» Iulianne est contrainte de remettre la
» place, et se laisser couler dans le fossé
» sans aucun appui ; ce qui ne fut pas
» sans une grande risée des soldats, aux-
» quels elle montra ses fesses descouuertes,

» et fut contrainte de les tremper dans
» l'eau mi-glacée : ainsi, cette infortunée
» guerrière se retire avec peine du fossé,
» et de là à Pacy, chez son mari. »

Croirait-on, en lisant cette prose ridicule, que Gabriel Dumoulin écrivait dans
le dix-septième siècle, en 1631, pendant
que le Grand Corneille préparait ses chefs-
d'œuvres, et, chose plus remarquable
encore par la comparaison, pendant que
Pascal méditait et était près d'écrire ses
Lettres Provinciales, regardées comme
un modèle de goût, et desquelles on a
dit qu'elles avaient fixé la langue. Le Curé
de Menneval l'aurait bien plutôt fait rétrograder.

Je crois qu'une semblable citation est
suffisante ; et, après avoir ainsi fait connaître le style de Gabriel Dumoulin, après
avoir rendu justice au fonds de son His-

toire qui, dans l'occasion, pourrait encore être bonne à consulter pour les faits dont j'ai rendu compte plus succinctement que lui, dans ma première partie, je reviens à la seconde, que j'offre maintenant au Public.

Les anciennes chroniques que j'ai déjà indiquées, Joinville, Froissard, Mézeray; les Historiens qui ont traité les Histoires générales et particulières de la France, Moreri, l'Art de vérifier les dates, tels sont les principaux Auteurs qui m'ont servi de guide.

Parmi les Histoires particulières, je dois faire mention d'une, intitulée : *Histoire sommaire de Normandie*, par le sieur De Masseville, quatre vol. in-12, Rouen, 1698. N'ayant eu occasion de rencontrer cet Ouvrage qu'après le presqu'entier achèvement de cette seconde Partie du mien, j'en aurais eu quelque regret, si

j'y eusse découvert des faits moins connus , surtout présentés avec plus d'intérêt
que ceux que Masseville a rassemblés dans
ses quatre volumes. La diction de cette
Histoire, indépendamment de l'obligation
que j'ai à celui qui a bien voulu me la
communiquer, m'a paru froide et mono-
tone ; les réflexions de l'Auteur sont pour
la plupart oiseuses ou insignifiantes : je me
contenterai de deux citations prises au
hasard, et qui suffiront, je crois, pour
motiver mon jugement. L'Auteur parle
d'un phénomène arrivé, à ce qu'il dit, en
l'an 1200.

« On vit paraître, dit-il, un jour de cette
» année, cinq lunes dans le ciel ; l'une
» vers l'Orient, l'autre du côté du midi,
» la 3.e au Septentrion, la 4.e vers l'Oc-
» cident, la dernière, au milieu des quatre
» autres, qui était accompagnée de plu-
» sieurs étoiles avec lesquelles elle se

» promena à l'entour des autres lunes
» cinq ou six fois. Ce spectacle dura l'es-
» pace d'une heure, et ensuite tout dis-
» parut. L'Histoire remarque que ces
» phenomènes embarrassèrent extrême-
» ment les Physiciens et les Astrologues
» de ce siècle-là. Ceux du nôtre, (ajoute
» le sieur de Masseville) ne s'en étonne-
» raient pas tant. »

Le sieur de Masseville a tort ; car, dans tous les tems, on verrait avec surprise cette apparition subite et inopinée de cinq lunes, qui, si j'ose me permettre une réflexion bouffonne que m'inspire le sérieux comique avec lequel Masseville fait son récit, semblent se disposer à jouer aux quatre coins.

La citation suivante, prise pareillement à l'ouverture du livre, présentera, dans un autre genre, des idées, vraies peut-être, mais aussi intempestivement que platement énoncées. Il s'agit des dépenses faites par un Evêque de Lisieux, pour l'embellissement de sa Cathédrale.

« C'est ainsi (dit l'Auteur) que nos
» ancêtres rectifiaient leur magnificence ;
» ils aimaient mieux l'appliquer à élever
» des Temples au Créateur, que de se
» faire des palais et des châteaux somp-
» tueux comme l'on fait depuis quelques
» siècles : l'on doit avouer qu'ils avaient
» en cela plus de pureté d'âme , et des
» sentimens plus chrétiens qu'une partie
» des gens de qualité de notre tems , qui
» font des dépenses prodigieuses en bâti-
» mens et en meubles splendides, pendant
» que les Eglises et Paroisses sont dans un
» état déplorable. »

Quelques respectables, sans doute, que puissent être ces dernières réflexions, elles seraient meilleures, ce me semble, à débiter en chaire, qu'à écrire dans une Histoire, où elles ne font l'effet que de vieilles redites au moins triviales.

Cependant, après avoir donné à juger le style du sieur de Masseville, je ne dois pas lui refuser de convenir que son Ouvrage contient surtout, des renseigne-mens précieux pour la plus grande partie des familles de Normandie, qui y trou-veront le rappel de leurs noms dans de nombreuses listes de tous les Comtes, Barons, Sires et Seigneurs Normands, qui, en différens tems, ont figuré avec honneur, ou d'une manière quelconque, aux principales époques de notre Histoire.

Il me reste maintenant à parler de l'Abbé Le Brasseur, à qui j'ai fait plu-sieurs emprunts. Je m'expliquerais sur son compte avec plus de reconnaissance, si une découverte que j'ai faite, et dont je dois rendre compte , ne venait pas en affaiblir le témoignage.

Un citoyen d'Evreux , homme aussi obligeant qu'instruit , vice-Secrétaire de la Société d'Agriculture, Sciences et Arts du Département de l'Eure, m'a rendu le service de m'obtenir la communication d'un ancien manuscrit qui m'a été très-utile pour mon nouveau travail. Il m'a fourni beaucoup de faits et de lumières ; il est intitulé : *Mémorial Historique des Evéques, Ville et Comté d'Evreux* ; et il m'a paru d'autant plus curieux, que l'Historien Le Brasseur, auquel j'ai plusieurs fois eu recours , semble l'avoir pris pour base ; et , si je peux m'exprimer ainsi, pour la charpente de son Histoire Civile et Ecclésiastique du Comté d'E-vreux. La marche historique de ces deux Ouvrages offrant d'abord assez de simili-

tude dans leurs titres, est du reste abso-
lument la même. Plusieurs récits y sont
présentés, aux mêmes époques, ce qui
serait tout simple, mais enchâssés de
même, souvent avec les mêmes expressions, si ce n'est que quelques-unes un
peu vieilles dans le manuscrit, sont rem-
placées dans Le Brasseur, par d'autres un
peu moins surannées. Les choses sont
tellement ainsi que je les annonce, que
comme Le Brasseur n'a fait aucune mention des obligations qu'il a évidemment
eues à ce Mémorial, on serait tenté de
croire, pour ne pas le regarder comme
plagiaire, que le manuscrit en question
est un premier jet de son travail, oublié,
abandonné, ou perdu par lui, et qu'il
aurait depuis modifié ou amplifié ; et,
cependant, il existe de fait entre lui et
le manuscrit une certaine disparité de
style, qui établissant entre eux une distance probable d'environ quarante ou

cinquante ans, semble donner à croire que les deux Ouvrages partent de deux plumes différentes. Je n'énonce ici, comme l'on voit, que des doutes sur lesquels j'appuie mes probabilités, et déclarant avec franchise avoir moi-même des obligations à **Le Brasseur**, je ne veux point l'accuser affirmativement d'un plagiat, que le secret gardé par lui sur l'autre Ouvrage, permettrait seul de signaler ainsi ; je rends compte exactement des faits tels qu'ils se présentent à moi, et je laisse aux Lecteurs instruits et clairvoyans à prononcer. Au surplus, l'Ouvrage de l'Abbé Le Brasseur, imprimé vers l'an 1720, quoique très-médiocrement écrit, pour parler avec ménagement, a cependant son mérite, que je ne cherche point à lui envier, en dirigeant contre lui des inculpations vagues ou incertaines.

Je ne pousserai pas plus loin ces réflexions, me réservant de dire encore un mot, touchant l'Historien Le Brasseur, dans une ou deux des Notes, que j'ai, comme dans ma Première Partie, insérées à la suite de l'ouvrage.

Je borne ici mes observations préliminaires, en réclamant pour mon Travail et pour mes Notes l'attention, et surtout l'indulgence du Lecteur.

SUITE DES
ESSAIS HISTORIQUES
SUR
LE COMTÉ D'EVREUX.

On a pu voir , dans le premier livre de ces Essais , le pays d'Evreux et contrées environnantes sous les premiers Rois de notre Monarchie , faisant partie du Royaume de Neustrie. On l'a vu érigé en Comté , et possédé à ce titre par un rejetton de l'illustre maison Ducale de Normandie et par plusieurs de ses descendans , passer après , par alliance , dans la maison de Monfort. Ces derniers, dans l'exercice de leurs droits de souveraineté , ont été plus ou moins influens , plus ou moins remarquables , suivant les chances de la guerre. Cette guerre , pendant plus de trois siècles, entre deux Puissances prépondérantes , les Rois de France et les Ducs de Normandie , devenus Rois d'Angleterre , n'a offert que de courts intervalles de paix.

Les Comtes d'Evreux , par la situation géographique de leurs domaines , ont dû nécessairement y prendre une part très-active. Planètes secondaires, ou plutôt, satellites obligés, soit de l'une, soit de l'autre de deux puissantes planètes, qui suivant la force d'attraction du moment vers leur orbite, les entraînaient, chacune alternativement, dans son tourbillon, ils n'ont pu, ni opérer tout le bien que quelques-uns d'entr'eux, au milieu des douceurs de la paix, eussent été capables de faire, ni empêcher les désastres de la guerre, bientôt réparés par quelques instans de tranquillité dans ce riche et beau pays.

J'ai essayé de tracer leur histoire d'après les renseignemens que m'ont fourni les sources authentiques où j'ai puisé mes documens sur ces Comtes, Souverains assez marquans dans l'ordre où les classait leur importance sous le régime féodal. J'ai, autant qu'il m'a été possible, atteint dans mes narrations une certaine circonvallation de pays limitrophes du Comté d'Evreux. Les histoires de France et d'Angleterre ont été pour moi une mine précieuse dont je ne me suis permis d'exploiter qu'un mince filon. Heureux, si varié, sans cesser d'être vrai dans mes récits, j'ai su un moment, pour un sujet d'un intérêt local, fixer l'attention

de mes Lecteurs : j'en ai l'espoir ; et, aujour-
d'hui , agrandissant mon plan , j'ose pour-
suivre l'entreprise et conduire mes aperçus
historiques jusqu'à des tems plus rapprochés
de notre siècle. Le Comté d'Evreux vient
désormais s'offrir à ma plume , glorieux de
commencer de nouveaux fastes par un fils de
France , Louis , fils de Philippe-Auguste.

Ce fut , comme je l'ai dit dans la première
partie de ces Essais (1) , à Châteauneuf ,
près Portmort , que , dans la matinée du 2
mai de l'an 1200 , Philippe-Auguste et Jean ,
Roi d'Angleterre , arrêtèrent définitivement
les articles d'un traité de paix qui , dans
l'après-midi du même jour, fut signé par eux,
dans le château de Boutavant , île du Goulet.
Par un des articles de ce traité , qu'il serait
superflu de détailler plus au long , les deux
Monarques, d'un commun accord , et Amauri
III, Comte d'Evreux , acceptant des dédommagemens , tous trois parties contractantes ,
abandonnèrent et transmirent leurs droits
réels , éventuels , domaniaux , et de souveraineté , à Blanche de Castille , nièce du Roi
Jean , en faveur de son mariage , célébré le
lendemain à Portmort , avec le fils de Philippe. Les deux époux avaient alors l'un et
l'autre environ treize ou quatorze ans.

Le Prince Louis , depuis Louis VIII , aux droits de Blanche , sa femme , dut partager avec elle la souveraineté du Comté. Sa vie , celles de Louis IX et de Philippe III , ses fils et petit-fils , ses successeurs du même rang au Comté d'Evreux, appartiennent sans doute en plus grande partie aux Annales Françaises ; mais l'histoire que j'écris en réclame au moins une part dans un aperçu sommaire.

Louis se distingua de bonne heure dans plusieurs guerres que Philippe-Auguste , son père , soutint avec succès. Il se croisa contre les Albigeois ; et , dans les guerres du Languedoc, signalant sa bravoure par des actions d'éclat , mérita le surnom de Louis le Lion , ou Cœur-de-Lion. Appelé vers l'an 1216, par les Comtes et Barons d'Angleterre , à faire valoir ses droits acquis du chef de Blanche , à la couronne de ce Royaume , et à venir prendre possession d'un trône dont Jean , dit Sans - Terre , avait été déclaré déchu, Louis passa en Angleterre , avec des troupes et une suite nombreuse , marcha vers Londres , et y fut sacré et couronné. Mais son existence dans ce pays ne put être de longue durée. La dissidence des divers partis qui agitaient la Monarchie Anglaise , rendait chancelante sur la tête de Louis , une couronne que de son côté Jean Sans-Terre faisait de vains efforts pour ressaisir. La mort de ce dernier vint à propos mettre un terme à ces divisions, au détriment de la prise de possession de Louis. La haine des Anglais pour Jean, s'éteignit avec sa vie. Oubliant leur mépris pour le père, bientôt ils jettent les yeux sur le jeune Henri, son fils, en bas âge ; ils lui défèrent la couronne, que Louis ne tarda pas à abandonner. Le Prince Français, après avoir obtenu des conditions honorables, livrant ce peuple inconstant à ses hésitations, repasse les mers et se retire auprès du Roi, son père.

Philippe-Auguste, devenu depuis quelque tems plus sédentaire, s'occupant des affaires de l'intérieur de son Royaume, n'en continuait pas moins, par ses généraux, la guerre contre les hérétiques du Languedoc.

Quelqu'étrangers que les Amauri de Monfort soient devenus pour nous dans la situation actuelle des choses, un souvenir d'intérêt pour cette ancienne maison des Comtes d'Evreux, m'engage à dire ici que les hauts faits d'armes qui, surtout dans la guerre contre les Albigeois, établirent la réputation militaire de Simon de Monfort, frère cadet du dernier Comte d'Evreux, Amauri III (2), lui valurent le surnom de Simon le Fort ou le Machabée. Ce guerrier périt en 1217, devant Toulouse, au milieu de ses exploits, laissant à des enfans, qui ne dégénérèrent pas de leur origine, de grands biens et un nom illustre, qu'Amauri de Monfort, son fils, sut noblement, mais moins heureusement, soutenir.

Cependant la guerre et le mouvement qu'elle entraîne flattaient moins qu'autrefois les goûts du Monarque Français. Appréciant plus que jamais la riche acquisition qu'il avait faite, en réunissant la Normandie au Domaine de la Couronne, Philippe jouissait de sa conquête, et faisait de fréquens voyages en cette nouvelle Province. Il avait su, à l'époque de la réunion, s'y faire des créatures et des sujets dévoués. Il avait choisi, parmi ses guerriers, et principalement parmi les Seigneurs Normands qui s'étaient attachés à sa cause et avaient suivi ses étendards, ceux qui, à la bravoure, joignaient des manières aisées et un caractère adroit et insinuant; il les avait récompensés, de préférence, par des donations de terres et châtellenies.

Ancel de Roncherolles, l'un de ses capitaines, reçut en récompense de ses services, dans les environs de Lyons et Andely, la terre de Pont-S.t-Pierre : cette terre fut alors, en vertu de la dotation, érigée, par le Roi Philippe, en Baronnie; elle est la première créée en Normandie sous ce titre ; qui peut permettre encore à Messieurs de Ronche-rolles , de s'en qualifier premiers Barons.

Un autre de ces preux, nommé Cadoc ou Cadoul , gentilhomme obscur jusqu'alors , mais qui, dans la guerre de Normandie , s'était toujours signalé à la tête des braves, réunissant les qualités que prisait le Roi, avait été employé par lui avec succès en plu-sieurs affaires délicates ; il fut gratifié par le Monarque de la châtellenie de Gaillon et ^{Gaillon.} de domaines accessoires d'une assez grande valeur. Cadoc, devenu puissant, tenant un état distingué dans le pays, y rendit d'impor-tans services à Philippe-Auguste. Préconisant ses grandes qualités de Souverain, il savait, par son adresse, établir dans les esprits l'au-torité de son Prince et lui concilier les cœurs. Cette conduite, favorable à la présence de Philippe dans ces cantons , les lui rendait agréables à habiter ; il se plaisait particuliè-rement dans la gracieuse vallée de l'Eure, et venait souvent faire des séjours au château de Pacy-sur-Eure (3), qu'il avait fait rétablir et embellir. Là , le Roi se délassait des embarras de la représentation et y poursuivait les travaux auxquels, pour l'utilité intérieure de ses Etats, il se livrait depuis quelques années. Dans ces derniers tems de son règne, Philippe, dit Mézerai « s'occupa à faire clore » de murailles, agrandir, fortifier, paver, » accommoder de ponts et chaussées toutes » les villes de ses domaines, faisant toutes » ces dépenses de son propre fonds, sans » exiger pour cela aucuns aides ni aucune » corvée de ses sujets, et payant fort équita- » blement toutes les terres et maisons qu'il » était obligé de prendre des particuliers pour » faire ces ouvrages publics ».

Ce fut au château de Pacy que, vers la fin de l'an 1222, il reçut un message du Pape Honorius III, qui l'exhortait à ne point abandoner la guerre de religion contre les hérétiques du midi, à y envoyer des forces imposantes, et le Prince Louis à la tête. Philippe éluda la dernière demande, craignant les fatigues d'une guerre de cette nature pour le Prince, son fils, dont la santé paraissait déjà avoir éprouvé quelqu'altération. Celle de Philippe lui-même, languissante depuis un certain tems, chancelait et menaçait plus sérieusement. L'année suivante, au moment où il venait de quitter Pacy, pour se rendre à

Paris et y assister à une assemblée de Prélats et Seigneurs , pour prendre un parti définitif contre les Albigeois, il fut saisi en route par une fièvre du caractère le plus allarmant, qui le contraignit de s'arrêter à Mantes, où il succomba au bout de peu de jours, le 25 Juillet 1223.

Louis, son fils, âgé de 36 ans, lui succéda sous le nom de Louis VIII ; ce Prince fut sacré à Rheims, le 22 Août suivant ; Blanche, son épouse, fut en même-tems couronnée Reine.

Les couleurs qui pourraient tracer quelques événemens renfermés dans le cadre rétréci que présente le pays d'Evreux, doivent nécessairement pâlir , absorbées maintenant par l'éclat de celles du grand tableau qui les environne de toutes parts. Quelle différence de situation pour le Comté et ses peuples, ballotés naguères par de continuelles hostilités, tourmentés par leurs Comtes agités, ou s'agitant eux-mêmes dans tous les sens, sur un territoire limité ! quelle différence, dis-je, de situation, avec celle où ce pays et ses habitans, à cette époque de l'Histoire , régis par des Souverains qui le sont de la France entière, jouissent paisiblement d'une sécurité à laquelle ils n'étaient pas accoutumés !

Sans étendre nos aperçus sur Louis VIII, beaucoup au-delà de la guerre qu'il poursuivit avec gloire contre les Albigeois, et de l'expulsion des Anglais de la majeure partie de la France, portons nos regards sur Blanche, réellement Comtesse Souveraine du pays d'Evreux. Son attachement pour son époux, et la réciprocité de l'affection du Roi pour elle, sont les traits distinctifs du caractère et de l'existence de cette belle et vertueuse Princesse : incessamment occupée de Louis VIII, elle l'accompagnait dans tous ses voyages et dans la plupart de ses expéditions, allant jusqu'à faire porter une tente pour camper à sa suite et avec lui ; elle fut l'objet des poursuites et des recherches inutiles de plusieurs grands Princes épris de sa beauté, et parmi lesquels on distingue Thibaut, Comte de Champagne. Quelques circonstances s'opposèrent à ce qu'elle suivît le Roi dans sa dernière guerre du Languedoc, en 1226.

En cette année, à l'approche de l'hiver, Louis ayant ressenti les atteintes de douleurs assez vives dans les entrailles, après avoir fait les dispositions nécessaires pour le succès de ses armes dans le midi, avait déjà repris le chemin de Paris, pour y rejoindre la Reine qui l'attendait, lorsque tout à coup, le mal

dont

il était tourmenté, se changeant en un flux de sang opiniâtre, l'emporta dans la quarantième année de son âge, au château de Montpensier, en Auvergne, où il mourut vers les premiers jours de Novembre 1226, après un court règne de trois ans et quelques mois.

Plusieurs Auteurs attribuent cette mort au poison, et prétendent que le Comte Thibaut, par un excès criminel de jalousie d'amour, n'y fut pas étranger. D'autres veulent que Louis VIII, dit le Lion, Monarque religieux et chaste, ait succombé victime d'une trop longue continence. « Car, dit Mézerai, sa » femme n'était point alors avec lui ». Il s'était, dit-on, refusé à tous moyens de facile guérison qui lui étaient offerts, et qui auraient pu porter atteinte à la fidélité de sa tendresse pour la Reine. « Il est bon, quoi- » qu'il en soit, ajoute le même Historien, » de faire de ces beaux exemples de vertu, » car il ne s'en trouve guères ailleurs que sur » le papier (4) ».

On peut juger quelle fut la douleur de Blanche, à la nouvelle de ce triste événement ; elle reçut dans le même moment le testament du Roi, qui la déclarait régente ; dernier et touchant témoignage d'affection et de confiance , nouvelle source de regrets. Mais bientôt jettant les yeux sur son fils Louis , l'aîné de cinq enfans qui lui restaient, et qui n'avait encore que 12 ans , la vue de ce rejetton précieux, son âge tendre, montèrent son âme à la hauteur des circonstances. Des rapports lui arrivaient de toutes parts sur les mouvemens et le mécontentement des Princes, des Seigneurs , qui , jaloux de voir le souverain pouvoir entre les mains d'une femme , d'une étrangère , tels étaient leurs discours , se disposaient à secouer et repousser le joug : sans plus tarder , elle emmène son fils à Rheims , où Louis IX est sacré.

Aussi adroite politique que courageuse dans ses résolutions, elle profite habilement de la faiblesse de Thibaut, Comte de Champagne, toujours amoureux d'elle (5), flatte l'espoir de ce Prince troubadour, qui se détache du parti des mécontens. La ligue rébelle , perdant son principal appui, se trouve dissoute; Raimond , Comte de Toulouse , est réduit à son devoir ; le parti des Albigeois est enfin détruit , tout fléchit sous la Régente, qui se montre digne d'un titre dont elle sait soutenir les droits , comme en faire respecter et chérir l'autorité.

Il convient de quitter maintenant le grand

théâtre, et de me reporter vers la Normandie et le pays d'Evreux; les scènes qu'il peut offrir n'ont, à la vérité, rien de très-remarquable, elles ne seront cependant pas dénuées de quelqu'intérêt pour peu qu'on ne perde pas de vue le but que je me suis proposé. Les Evêques, personnages les plus importans de ce Comté, pendant qu'il se trouve dans la main directe des Monarques Français, me fourniront quelques chaînons pour rattacher à l'Histoire de France l'Histoire particulière d'un sol souvent fertile en événemens, suivant les siècles et les tems que j'ai à parcourir.

Plusieurs Prélats, distingués par leurs vertus et leurs lumières, avaient occupé successivement le siége Episcopal d'Evreux. Raoul I.er, du nom de Cierrey, assista avec l'Evêque de Séez à la consécration de l'Eglise de Notre-Dame de la Trappe, maison claustrale devenue fameuse dans le 18.e siècle, par la réforme sévère qu'y établit Armand Le Bouthillier de Rancé. Ce zélé réformateur, né en 1626, mourut en 1700, abbé régulier de l'abbaye de la Trappe. Ce monastère est resté célèbre jusqu'au moment de sa suppression, par des austérités dont le récit est encore un objet d'étonnement pour ceux qui, comme aujourd'hui, n'en peuvent obtenir qu'historiquement une idée. Richard de Bellevue, né à Saint-Léger, près Bernay, d'abord simple religieux, puis abbé du Bec, dont il fit réparer l'Eglise et les bâtimens, fut appelé pour succéder à Raoul de Cierrey. Les abbayes de Lyre, de Conches lui durent leur restauration ; il consacra l'Eglise de la Haye-le-Comte, près Louviers, et son esprit d'ordre et d'économie joint à une piété éclairée, signalèrent les actes de son Episcopat.

Un saint zèle animait alors de toutes parts les peuples ; chacun voulait au moins concourir à la fondation d'une église, d'une abbaye ; des donations, des legs pieux, accroissaient les revenus de celles déjà subsistantes. Sans entrer à cet égard dans des détails qu'un nouvel ordre de choses ferait regarder aujourd'hui comme superflu, je me contente de dire que dans toute la Normandie, au milieu des douceurs de la paix, la religion exerçait, par ses ministres, une influence que favorisait la piété de Blanche, et secondée par les sentimens religieux que la Reine Régente avait inspirés au Roi Louis IX, son fils. Toutefois l'autorité Royale y conservait ses justes prérogatives ; la puissance Ecclésiastique, ainsi le voulait Louis, ne pouvait modifier en acquisitions, échanges, ou aliénations, ses domaines, sans la sanction du Monarque : celui-ci de son côté, respectueux pour l'Eglise, ne permettait aux Officiers civils ou royaux aucune décision arbitraire contre elle, même pour les propres intérêts du Domaine Royal. L'an 1229 en offrit une preuve.

Vaultier, successeur de Richard, occupant le siége d'Evreux, la coupe des bois de Louviers, appartenant à l'Archevêché de Rouen, avait été ordonnée par l'Archevêque Thibault; le Bailli du Vaudreuil prétendit que ces bois étaient propriété Domaniale de la Couronne; ils n'avaient pas, disait ce Bailli, été compris dans l'acte d'échange passé entre Richard-Cœur-de-Lion et l'Archevêque de Rouen, lors de la construction du château Gaillard. Le Bailli fit, en conséquence, mettre saisie et arrêt sur la coupe. L'archevêque de Rouen, mécontent, et voulant combattre les sentences de la justice séculière avec les armes de l'Eglise, suivant l'usage de ces tems-là, engagea Vaultier, Evêque d'Evreux, à défendre la cause de son Métropolitain, ce que fit Vaultier, en excommuniant le Bailli du Vaudreuil ; l'affaire fit assez de bruit pour parvenir aux oreilles du Roi, qui la fit évoquer à son conseil. Là, suivant son système d'équité, dans l'état d'incertitude des choses, il fit pencher la balance contre lui-même ; sans blâmer le zèle du bailli , il lui ordonna néanmoins de donner main-levée , et en fit passer prompte connaissance à l'Evêque d'Evreux, pour qu'il eut à lever son excommunication ; ce qui fut fait sans délai.

Vers l'an 1233, Louis IX épousa Marguerite de Provence : après les fêtes qui accompagnèrent ce mariage , étant venu avec la jeune Reine faire un voyage de plaisance au château de Pacy-sur-Eure , il se rendit de là à Bernay, où il tint ses grands jours, assisté de l'Evêque de Lisieux et de Richard d'Ivry qui , descendant des anciens Comtes d'Ivry , avait été , après Vaultier , nommé à l'Evêché d'Evreux.

Le Roi, en 1236, devenu majeur , reçut les rênes du Royaume des mains de la Régente. Son attachement pour sa mère et pour les principes qu'elle lui avait inspirés , ne se démentirent pas un instant. Le même esprit, religieux tout à la fois et réformateur des abus qui avait dirigé Blanche , fit la base du gouvernement de Louis', son fils. Le maintien du bon ordre et de la tranquillité publique sur les routes et chemins , fut l'objet de sa particulière sollicitude : chaque Seigneur , en ce tems, percevant un droit de péage d'un lieu à l'autre sur les chemins qui traversaient les terres de son fief, contractait l'obligation de faire veiller à leur sûreté, mais seulement du lever au coucher du soleil, et était responsable de tous délits qui se commettaient dans cet intervalle de tems. Un arrêt remarquable, entr'autres rendus par Louis, condamna le Seigneur d'un fief situé dans une portion de la ville de Vernon et environs, à dédommager un marchand qui, en plein jour, avait été volé dans un chemin de sa seigneurie.

Un abus qui s'était multiplié jusqu'à l'excès dans le clergé, et qui excitait principalement l'animadversion du Roi, était la réunion de plusieurs bénéfices, quelquefois en grand nombre, en une seule main. Louis fit, à ce sujet, de sages réglemens, dont il eut beaucoup de peine à obtenir l'exécution. Un Chancelier de l'Université de Paris, du nom de Philippe, fut un des plus récalcitrans, et persista de la manière la plus scandaleuse dans son obstination à garder les bénéfices cumulés qu'il possédait contre la discipline de l'Eglise et le vœu du Souverain. Attaqué d'une maladie mortelle, il était assisté à ses derniers momens, par l'Evêque de Paris, Guillaume de Pâris; le Pontife réconciliateur, pressait Philippe de se démettre et se décharger d'un fardeau qui, lui disait il, devait le conduire en enfer. Hé bien, lui répond l'imperturbable moribond, je veux essayer et voir si ce que vous me dites est vrai. Exemple inoui, peut-être, d'une opiniâtreté et d'une cupidité que tout l'appareil de la mort ne saurait déconcerter.

Vers ces tems-là, Raoul de Cierrey fut nommé Evêque d'Evreux. Troisième du nom de la famille de Cierrey, dont deux autres, avant lui, avaient occupé ce siége ; il fut élu par le Chapitre, et sa nomination présentée au Roi, fut agréée. Il fit, en 1238, la dédicace de la nouvelle Eglise de l'abbaye de Conches, qui a subsisté la même jusqu'à sa démolition, de nos jours. Je ne parle ici de cette Eglise, que pour dire un mot au sujet de la famille de Toesny, dont j'ai eu plusieurs fois occasion de parler dans ma première Partie. De cette famille distinguée, originaire du Comté d'Evreux, était Robert de Toesny, Comte de Conches, qui, dans le siècle précédent, avait marché à la conquête de la Sicile avec les enfans de Tancrède de Hauteville, gentilhomme Normand, et y avait fondé une nouvelle race de Souverains. L'ancienne maison de Toesny éteinte depuis, sans qu'on en connaisse positivement l'époque, subsistait encore au tems dont nous parlons ;

car plusieurs de ces Seigneurs furent présens à la bénédiction de l'Eglise abbatiale. Cette cérémonie fut faite avec beaucoup de pompe par l'Evêque d'Evreux, Raoul, lequel peu après bénit également la chapelle de Chambrai, fondée par Simon, sire de Chambrai, dans la cour de son château.

Chambrai.

C'est à regret que, quant au règne de Louis IX, comme Roi de France, je me bornerai à un simple énoncé des grands événemens ; la bataille de Taillebourg, remportée en 1242 par le Roi, sur les Anglais, en fut un des plus mémorables ; la croisade et le passage du Roi en Terre Sainte ne sont de mon domaine qu'autant qu'ils doivent m'amener à parler de la confiance illimitée du Monarque en la Reine Blanche, sa mère, qu'il institua Régente du Royaume en son absence. Elle y dirigea les affaires avec sagesse et prudence ; mais vers l'an 1262, l'âme oppressée de nos désastres, dont elle avait connaissance, de l'absence du Roi, et surtout de sa prison, dont la nouvelle lui était parvenue, elle tomba dans une langueur qui, dégénérée en fièvre lente, l'emporta au bout de quelques mois.

L'Histoire garde, des qualités personnelles et de la bonne gestion de la Reine Blanche, pendant ses Régences, un souvenir dont les degrés du trône conservèrent encore pendant plusieurs siècles, l'empreinte ; car, dit Pasquier dans ses Recherches, « Toutes les Roynes » mères anciennement voulaient être nom- » mées Roynes Blanches, en mémoire du bon » gouvernement de cette sage Princesse (6) ».

Le Comté d'Evreux, propriété spéciale de Blanche, en avait ressenti les heureux effets ; il tomba, comme héritage dans le domaine particulier de Louis IX : ce Monarque, dans tous les tems, montra un attachement remarquable pour ces contrées et leurs habitans. L'Hôtel-Dieu de la ville de Vernon, qui reconnaît ce Prince pour son fondateur, en est une preuve encore subsistante de nos jours, en même-tems qu'il nous offre un monument de la bienfaifaisance de Louis envers les pauvres. Digne rejeton de Saint Louis *, un Prince né du sang des Bourbons, et qui, sur plusieurs points du Département de l'Eure, s'est montré, par d'utiles fondations, le protecteur de l'humanité souffrante, s'est, vers la fin du siècle dernier, par de nouveaux bienfaits envers cet hôpital, acquis de nouveaux droits à la reconnaissance des malheureux.

Jean Delacour d'Aubergenville, que le Roi

---

* Le Duc de Penthièvre.

avait choisi pour Chancelier de France,
n'avait pas peu contribué à entretenir cette
prédilection ; lui-même était l'objet de l'affection du Monarque qui, non content de lui
témoigner personnellement la satisfaction
qu'il avait de ses bons conseils, répandit sur sa
famille d'honorables largesses. Louis, dans
cette intention, fit l'acquisition du château
et de la terre de Pinterville, maison de Pintherville
campagne des Archevêques de Rouen, près
Louviers, et en gratifia Guillaume d'Aubergenville, neveu de l'Evêque d'Evreux, en
reconnaissance, est-il dit dans les titres, des
services que Jean, son oncle, comme Chancelier de France, avait rendus à lui et à la
Reine Blanche, sa mère. Le Roi, en même-
tems libéral envers l'Eglise, en vertu d'un
échange avantageux pour le domaine archi-
épiscopal de Rouen, dédommageait amplement l'Archevêque, par la donation de la
terre et belle Seigneurie de Gaillon qui,
depuis peu, par un autre revirement, était
rentrée dans le Domaine Royal. On peut se
rappeler qu'il en a été fait mention dans la
première partie de ces Essais.

Sous l'Episcopat de Jean d'Aubergenville,
le relâchement s'était introduit parmi les religieux de l'abbaye de S.t-Taurin, à Evreux ;

l'Evêque avait ordonné une juste réforme,
dont l'exécution sévèrement suivie, était vue
de mauvais œil par quelques brouillons de la
communauté. L'Evêque vint à décéder ; au
moment de ses obsèques, lors de la présentation du corps, suivant l'usage, à l'Eglise de
l'abbaye, ils se permirent des murmures, et ce
ne fut qu'avec quelque difficulté que put s'ef-
fectuer le dépôt momentané du corps de l'Evêque défunt. Cette scène n'était que le prélude
d'une beaucoup plus scandaleuse qui devait
avoir lieu quelques années plus tard, comme
nous le verrons ci-après. Ce n'était point sous
le règne de Louis IX qu'une semblable irré-
vérence pouvait rester impunie. La justice
Royale se transporta à S. Taurin; une punition
exemplaire , suite des enquêtes qui avaient
été faites, fut infligée au monastère, amendé
en outre d'une forte somme d'argent envers
les pauvres.

Ce fut dans cette même Eglise de Saint-
Taurin , que fut sacré Evêque d'Evreux , en
1259, le successeur de Jean d'Aubergenville,
Raoul de Grosparmy , dit autrement de Piris,
Periers. du nom de la commune de Periers où il avait
pris naissance ; son mérite distingué l'avait
fait précédemment connaître du Roi, qui,
après l'avoir attaché à son Conseil, lui avait

confié la garde du sceau de l'Etat. Louis IX le fit peu après nommer à l'Evêché d'Evreux; et pour donner plus d'éclat à la cérémonie de son sacre, s'y rendit lui-même, du château de Pacy, où il était alors, avec Louis son fils aîné, mort peu après, et Philippe son second fils; il était accompagné de plusieurs grands du Royaume, et d'un certain nombre d'Archevêques et Evêques. Raoul de Piris, élevé depuis un an au Cardinalat, donna l'exemple de sa soumission aux volontés du Roi et à la bonne discipline de l'Eglise : nommé Evêque d'Albano par le Pape Urbain IV, qui avait eu recours à ses lumières, d'accord avec le Roi Louis IX, il donna sa démission de l'Evêché d'Evreux ; mais conservant toujours un intérêt paternel pour l'Eglise cathédrale de cette ville, il n'en fit pas moins construire, à ses frais, la chapelle dite la Mère de Dieu, bâtiment d'un assez bon style d'architecture pour le tems, et qui subsiste encore aujourd'hui en avant-corps derrière le maître autel.

J'éprouve quelque jouissance à remplir une sorte de lacune que le calme régnant dans le Comté d'Evreux et cantons circonvoisins laisse pour ce pays dans l'Histoire générale, par la mention des principaux faits qui ont trait aux Evêques d'Evreux, siége de faveur, dans tous les tems, et constamment occupé par des hommes dont l'existence s'est toujours rattachée aux époques remarquables de l'Histoire de France. La dernière croisade, sous le règne de Louis IX, mérite, sous ce dernier rapport, d'être spécialement citée.

Toujours animé d'un zèle ardent pour la délivrance des contrées, berceau du christianisme, Louis, vers 1269, disposa tout pour son départ avec ses enfans : après avoir assuré les droits de la Reine et fixé pour son douaire les villes de Corbeil, Poissy, Meulan, Vernon et autres, il établit deux Régens du Royaume, et leur substitua, en cas de décès, Philippe de Chours, alors Evêque d'Evreux, et Jean, Comte de Ponthieu. Des contrariétés multipliées prolongèrent la durée de son voyage : enfin il aborda devant Tunis, ou bientôt il fut attaqué d'une fièvre continue et de douleurs aiguës dans toutes les parties de son corps et surtout dans la tête, suite des chaleurs excessives qu'il avait endurées. « Le » bon Roi, dit Joinville, s'y accoucha au lit, » et cognut bien qu'il devait décéder de ce » monde en l'autre. Lors appela-t-il Messei- » gneurs ses enfans, et quand ils furent de- » vant lui, il adressa sa parole à son fils aîné

» et lui donna des enseignemens qu'il lui
» commanda garder comme par testament,
» et comme son hoir principal ». On peut
dire que ces enseignemens écrits de la propre
main du Roi, et tels que Joinville les a conservés dans son Histoire, sont l'image de la
grande âme de ce vertueux Monarque ; ils
offrent les principes de la conduite qu'il a
constamment suivie pendant son règne, l'un
des plus glorieux de notre Monarchie : ils
peuvent en quelque sorte servir de flambeau
pour guider tous les Rois qui veulent bien
mériter de leurs sujets, et laisser un nom
cher à la postérité.

« Piteuse chouse est et digne de plourer »
dit encore Joinville, l'ami sincère, le serviteur sans bassesse et l'Historien véridique de
Saint-Louis : « Piteuse chouse est de plorer
» le trépassement de ce saint Prince, qui
» si saintement a vécu et bien gardé son
» Royaume ».

Louis IX mourut devant Tunis, le onze du
mois d'Août 1270, âgé de cinquante-six ans,
après un règne d'environ quarante-trois. Son
fils Philippe III, surnommé, on ne sait trop
pourquoi, le Hardi, lui succéda âgé de près
de 26 ans. Malade lui-même, mais bientôt
rétabli, son premier soin, après avoir rendu

les derniers devoirs au Roi son père, fut de confirmer la Régence établie par Louis, au moment de son départ de France. Il adjoignit à l'Evêque d'Evreux Philippe de Chours, l'Archevêque de Rouen Eudes ou Odon Rigault (7), qui, ayant accompagné S.t Louis, se trouvait en ce moment parmi les croisés. Il le fit partir incontinent pour la France par un bâtiment qui fut frété à propos, et le nomma Précepteur de Louis, son fils aîné. Puis ayant fait une paix honorable avec les infidèles, emportant avec lui les restes vénérés du Roi défunt, il fit voile pour la France. Marié depuis 1262, avec Isabelle ou Elisabeth d'Arragon, dont il avait quatre Princes, il eut le malheur de la voir périr en route d'une chûte de cheval au passage d'un gué. Il arriva à Paris au mois de mai 1271. Les obsèques du saint Roi, son père, dont avec une piété filiale il porta lui-même le cercueil de station en station jusqu'à S.t Denis, occupèrent ses premiers momens.

Le Comté d'Evreux, que je peux me permettre de distinguer au milieu du grand héritage que Philippe III eut à recueillir, avait été souvent l'objet de l'intérêt du Roi, son père, et ne put devenir étranger à celui du fils. Plein de respect pour les volontés du feu Roi,

Roi , il apporta un soin religieux à en com-
pléter l'exécution jusque dans les détails
particuliers. Louis IX , lors d'un séjour qu'il
avait fait à Evreux , avait desiré que sa présence dans cette ville fut marquée par la
fondation d'un couvent de Frères , dits Pré-
cheurs , et avait même à cette intention
disposé d'une portion de terrein formant les
basses-cours de son château d'Evreux. La
mise à fin de ses volontés était restée impar-
faite ; Philippe-le-Hardi ordonna toutes les
mesures nécessaires pour que cette fondation
fut entièrement terminée. Le couvent fut en
effet achevé, l'Eglise fut bâtie , et l'Evêque
d'Evreux , Philippe de Chours , en fit la
dédicace. Geoffroy de Beaulieu , né auprès
d'Evreux , qui pendant vingt ans avait été
Prédicateur et Confesseur du Roi S.t-Louis ,
et Guillaume de Chartres , l'un de ses Chape-
lains , personnages recommandables par leur
savoir , vinrent fixer leur retraite dans ce
Monastère , et l'on doit à leur zèle pieux la
rédaction des pièces nécessaires pour la canonisation du saint Roi.

Ce fut en 1274 que Philippe III , après un
veuvage de quatre ans , épousa Marie de
Brabant. Ce second mariage présente un intérêt direct pour la portion d'histoire que

D

nous traitons , puisque le premier enfant qui en advint fut un fils qui eut nom Louis , et auquel le Roi assigna pour dotation le Comté d'Evreux. Ce Prince , né en 1276, va devenir le chef d'une nouvelle tige de Comtes d'Evreux ; il suffit pour le moment, d'avoir jeté nos regards sur son berceau.

En cette même année , mourut Louis , fils aîné du premier lit du Roi Philippe le-Hardi. Les droits à la couronne de France passèrent à son cadet , Philippe , qui depuis fut Roi sous le nom de Philippe IV, autrement dit Philippe-le-Bel. La mort de Louis , qu'on croit avec fondement avoir été empoisonné , ne doit m'occuper que parce qu'elle fut pour la jeune Reine Marie , mère de notre Louis , Comte d'Evreux , une occasion des plus cuisans chagrins , comme on va voir en un court récit.

Le Roi Philippe-le-Hardi était vaillant , libéral , mais d'un caractère peut-être trop facile à subjuguer. Un homme de néant , nommé Pierre de la Brosse , valet de chambre barbier du Roi, son père , et qui, dans ce tems , s'était donné quelques soins pour les amusemens de l'enfance de Philippe, avait pris sur le jeune Prince un ascendant très-prononcé. Devenu Roi , Philippe-le-

Hardi lui accordant la confiance la plus absolue, en avait fait, non - seulement son principal favori, mais même son Chambellan et son premier Ministre. Cet homme méprisable et méprisé, se permettait, dans le poste éminent qu'il occupait, des vexations arbitraires sur lesquelles la Reine s'expliquait souvent hautement et avec franchise et dignité. Jaloux et cherchant à la perdre dans l'esprit du Roi, le lâche favori, dans ses entretiens familiers avec le Monarque, répétait incessamment des propos qu'il prétendait avoir été tenus par la Reine Marie. Elle disait sans cesse, assurait-il, qu'elle était bien malheureuse d'avoir des enfans destinés à n'être que les vassaux et les sujets de ceux du premier lit ; qu'il était contre la raison, que son fils, qu'on appelait le Comte d'E-vreux, né d'un père Roi, cédât le pas en toutes circonstances à ses autres frères, nés du premier mariage, avant que Philippe-le-Hardi fut monté sur le Trône. Ces propos, et autres semblables, sans altérer d'abord sensiblement l'affection que le Roi portait à Marie, finissaient cependant par faire une certaine impression et fermenter dans l'esprit du Monarque. Déjà la Reine commençait à s'appercevoir de quelque froideur dans les manières de Philippe ; il était tems pour La Brosse de frapper un coup décisif. L'indigne Ministre a recours à la plus noire perfidie. Un poison, préparé par la main du traître, attaque subitement les jours de Louis, fils aîné du Roi. Déchiré de douleurs violentes dans les entrailles, couvert de taches livides sur toutes les parties de son corps, le Prince meurt au milieu des convulsions et évidemment empoisonné. La Brosse est assez audacieux pour accuser la Reine de cet horrible attentat. Philippe, dans l'excès de sa douleur et les anxiétés de son incertitude., laissa pendant quelque tems flotter ses soupçons ; mais les murmures sourds qui circulaient de toutes parts, prenant bientôt le caractère d'imputations graves et directes, mille voix s'élevèrent contre le coupable, dont le front soucieux portait déjà l'empreinte de la réprobation. Le Roi ouvrit les yeux à l'évidence. La Brosse, malgré l'adresse scélérate avec laquelle il avait ourdi cette trame, fut convaincu du crime. Il fut en outre accusé de malversations, de péculat ; enfin sa correspondance criminelle avec les ennemis de l'Etat fut prouvée par une lettre signée de sa main, scellée de son sceau, et que le hasard fit découvrir. L'infâme La Brosse, jugé et condamné, expia ses forfaits à une potence ; digne fin de ce scélérat , dont la mémoire ne doit sortir de l'obscurité que pour qu'il soit question du crime et de sa punition.

Les artifices du traître avaient pu un instant couvrir de quelques nuages les tendres sentimens que Philippe avait voués à la Reine; ils lui furent de ce moment rendus dans toute leur pureté.

Les années qui suivent cet événement, ne présentent aucuns faits historiques sur lesquels nous ayons des droits. Les guerres d'Espagne furent étrangères , ou à peu près, au territoire Français. Nous passerions sous silence celle de Sicile , si l'histoire , de son burin ensanglantée, n'eût tracé en traits indélébiles l'horrible catastrophe dite, les Vépres Siciliennes. Huit mille Français , de tout sexe et de tout âge , en 1282 , le jour de Pâques , au premier coup de Vépres , furent égorgés dans l'espace de deux heures, dans toute l'étendue de l'île de Sicile , mais avec tant de fureur, dit Mézerai , « que les bons religieux » Jacobins et Cordeliers trempaient avec » plaisir leurs mains dans le sang , et mas- » sacraient les malheureux jusque sur les » autels ; que les pères éventraient leurs filles » grosses des Français , et écrasaient leurs

» petits enfans contre les rochers. » On frémit à ces atrocités ; un soudain frissonnement
s'empare de l'écrivain , et la plume se refuse
à de pareils récits. Détournons les yeux de
ces scènes d'horreur , leurs causes et leurs
conséquences doivent être puisées dans les
grandes sources. Rentrons dans notre France,
qui , sous le règne de Philippe III , a joui
d'une paix pour ainsi dire générale , à peine
troublée aux extrêmes frontières , du côté
des Pyrénées , vers lesquelles le Roi Philippe-le-Hardi termina ses jours , en 1285 ,
dans la quarante-cinquième année de son
âge et la seizième de son règne.

Philippe IV , son fils , dit Le Bel , à cause
de sa belle figure , âgé d'environ dix-sept
ans , lui succéda. Après avoir ramené en
France l'armée d'Espagne , où il se trouvait
avec Philippe-le-Hardi , et rendu au Roi
défunt les devoirs funéraires à S.t-Denis , il
vint se faire sacrer et couronner à Rheims ,
le 6 janvier 1286 , avec la reine Jeanne de
Navarre , son épouse. Cette Princesse , fille
unique de Henri , Roi de Navarre , lui avait
apporté en mariage la couronne de ce
Royaume.

Philippe Le Bel , animé dès son avénement
au trône d'un respect filial pour l'objet de

l'attachement de son père , montra un empressement qui lui fit honneur à porter à la Reine douairière, sa belle-mère, toutes les consolations que peut offrir une âme généreuse. Il lui prouva , par les témoignages les plus ostensibles , qu'il n'avait jamais cessé de lui rendre justice. Les égards que du vivant de Philippe-le-Hardi il avait toujours eus pour elle, et l'attachement qu'il avait montré pour Louis , Comte d'Evreux , son frère consanguin , n'étaient point un vain simulacre , et n'avaient été dictés par aucun motif qui ne fut dans son cœur. Il exigea que la Reine Marie restât à sa cour , et que le Comte d'Evreux , qui avait alors environ dix ans , y fut élevé près d'elle. Son jeune frère croissait sous ses yeux et était l'objet de sa sollicitude.

Tout l'intérêt que je dois chercher à appeler sur mes récits dirigés vers ce jeune Prince, autant que les circonstances le permettront, va momentanément se concentrer sur les événemens que peuvent offrir le pays et la ville d'Evreux. Les peuples du Comté, comme ceux de la Normandie et de toute la France , jouissaient depuis un certain nombre d'années d'un calme heureux ; les désordres des guerres n'étaient plus connus que comme tradition par une génération presque renouvelée. A l'exception des fortifications des principales villes, et de certains forts placés dans des positions majeures de défense, les murailles, les bastions des villes du second ordre et des bourgs qui couvraient le territoire que j'enveloppe dans mes Essais, tombaient sans réparations. Pendant ce tems, l'agriculture et le commerce prenaient des accroissemens avantageux pour la population. Cet état de choses n'offre pas de grands mouvemens à l'historien.

Si les tableaux d'une prospérité locale doivent quelquefois présenter une teinte de monotonie, au moins peut on se dire que, loin des orages et des tempêtes qu'entraînent les guerres après elles, le calme plat de l'histoire est le tems du bonheur des peuples. Le lecteur philosophe et indulgent doit trouver dans cette pensée de consolans dédommagemens. Un récit qui se reporte à peu près à cette époque, et que je rencontre dans l'historien Le Brasseur, pourra nous distraire un moment de cette monotonie (8).

Les archives subsistantes de son tems dans le Monastère de S.t - Sauveur, à Evreux, avaient conservé la relation d'un fait qui, dans le tems de l'existence des Couvens et des récluses, ainsi qu'étaient les choses précédemment, aurait peut-être semblé plus piquant , mais qui peut cependant encore aujourd'hui paraître assez singulier.

Vers 1298 , Nicolas d'Auteuil étant Evêque d'Evreux, par une condescendance assez ordinaire, dit-on, dans ce tems-là, permit à Alix de Mergiers, Abbesse de S.t-Sauveur, à Evreux, le divertissement de la chasse du cerf, dont la dîme lui appartenait, suivant la donation faite par les fondateurs de cette abbaye , Richard et Simon, Comtes d'Evreux. Cette dame, ayant choisi un beau jour d'été , se rendit en sa maison et Seigneurie d'Arnières , pour y prendre quelques distractions , accompagnée de Perrette de la Croisette , Prieure du Monastère , de Nicole de Coligny , Julienne Duplessis , Julienne de Brionne et Alix de Crevecœur. Guillaume d'Ivry , Grand Veneur de France , prit cette occasion pour chasser un cerf poursuivi à cor et à cri , jusqu'aux abois ; l'animal alla se jeter dans la rivière, proche S.t-Germain-les-Evreux, où les Religieuses eurent l'amusement de voir son alali. La nappe , dépouillée par Thomas de S.t-Pierre, fut portée à l'Abbaye S.t-Sauveur, au bruit des tambours , des trompettes et de plusieurs autres instrumens , et le reste du jour se passa en réjouissances dans le cou-

vent. Bizarre contraste avec la paix silen-
cieuse qui régnait ordinairement , et devait
le lendemain reprendre ses droits dans cet
asile de retraite et d'austérité.

Le décès de Nicolas d'Auteuil, cette même
année , donna lieu à l'élection de Geoffroy
de Bar , Ecclésiastique aussi savant que
recommandable par sa piété exemplaire. Lié
intimement avec Robert Sorbon , fondateur
du Collége fameux qui jusqu'à nos jours a
subsisté portant son nom à Paris , il fut élevé
par son crédit sur le Siége Episcopal d'E-
vreux. Le même relâchement de discipline
parmi les Religieux de S.t-Taurin , qui du
tems de l'Evêque Jean d'Aubergenville, avait
provoqué de la part du Prélat une réforme
sévère dans le Monastère , s'y était introduit
de nouveau. Aucune forme claustrale n'était
plus observée ; les Moines répandus dans les
sociétés , s'y permettaient la vie la plus dis-
sipée , qui , de la part de plusieurs , allait
jusqu'au déréglement, contre le respect dû
aux mœurs et au bon ordre. L'Evêque Geoffroy de Bar ne permit pas long tems de semblables abus ; tranchant dans le vif d'une
main ferme, il exigea la stricte et austère
observance des statuts; et déjà ses volontés

s'exécutaient rigoureusement , lorsque la mort vint arrêter la suite de ces sages dispositions. Si cette mort fut un jour de deuil pour la ville , il en fut autrement pour les Moines. Animés d'un esprit de vengeance , rappelant ce qui s'était passé lors du décès de l'Evêque d'Aubergenville , et de la présentation de son corps à l'Eglise de S.t-Taurin , ils renouvelèrent la même opposition. Oubliant quelles en avaient été les suites , ils refusèrent de nouveau la présentation du corps de l'Evêque , qui fut cependant mis en dépôt dans leur Eglise. Ce fut alors qu'ils s'oublièrent au point d'oser s'emparer du cercueil qu'ils spolièrent ; et, sortant de ses enveloppes la dépouille mortelle du Pontife , ils eurent assez d'impudeur pour battre indignement de verges ses restes inanimés. Un scandale de cette nature, qu'une vile populace débandée oserait à peine se permettre , fit rougir tous les habitans d'Evreux. La justice séculière intervint et fit , quant aux objets d'urgence , tout rentrer dans l'ordre ; mais peu après entravée dans ses enquêtes par les prétentions de la justice Ecclésiastique , il résulta de ce conflit un prétendu accommodement qui se termina par l'impunité des Moines coupables. Livrons à ce sujet le lecteur à ses réflexions, et laissons, quant à nous, dormir les cendres des morts.

Pendant que nous rendons compte, peut-être avec trop de détails, de ce qui se passait dans les Couvens d'Evreux ; le Comte d'E-vreux, Louis, était parvenu à l'âge où il était tems que Philippe-le-Bel s'occupât de fixer définitivement son sort. Le Roi n'avait pas cessé un instant de suivre avec intérêt ce jeune frère. Le nom de Comte d'Evreux n'avait été jusqu'alors qu'un vain titre sans jouissance pour le Comte Louis, qui en 1300 atteignait sa quinzième année. Philippe commença par lui assigner en revenus réels et annuels, désignés dans les actes, les Comté et ville d'Evreux, leurs appartenances et dépendances, à titre d'apanage, avec la clause de réversion à la couronne, à défaut d'hoirs mâles. Il adjoignit à ces biens un par-fournissement suffisant pour lui donner une existence convenable à son rang ; puis s'oc-cupant de son mariage, lui fit contracter alliance avec Marguerite d'Artois, fille aînée de Philippe, Comte d'Artois. Le jeune Comte se rendit dès la même année à Evreux, où il fut reçu avec les honneurs dus à un Prince du sang Royal, et où il prit possession de son Comté avec la Princesse son épouse.

L'éducation soignée qu'il avait reçue le rendit utile, en plusieurs circonstances, au Roi, son frère, aux intéréts duquel il resta constamment attaché. Lors de l'assemblée des Etats, tenue à Paris à l'occasion des démêlés de Philippe-le-Bel avec Boniface VIII, il se fit admirer par son éloquence; il défendit avec énergie les droits du Royaume et de l'Eglise de France, et ouvrit, le premier, l'avis de l'appel des prétentions du Pape, aux décisions d'un futur Concile général. La majorité des Princes, Prélats et Seigneurs présens à l'assemblée se prononça pour cet avis; l'Evéque d'Evreux, Matthieu des Essarts, était de ce nombre. Nous laisserons cette litigieuse affaire et ses accessoires aux grandes histoires qui la traitent; occupons-nous un moment du nouvel Evéque d'Evreux, Matthieu des Essarts.

Issu d'une maison ancienne et illustre, en Normandie, il comptait parmi ses ancêtres plusieurs guerriers fameux, spécialement du tems des 1.res croisades. On sait que dans ces tems où le merveilleux jouait un grand rôle, plusieurs événemens miraculeux ont été recueillis par nos vieilles chroniques; on peut se rappeler que dans les notes de ma première Partie, j'ai, en parlant de l'abbaye du Breuil,

cité un fait de ce genre. On se souvient peut-
être d'un gentilhomme Normand, prisonnier
chez les Mahométans, et rendu subitement
à sa famille par l'occasion d'une voiture aë-
rienne : la relation de ce voyage , d'une espèce peu commune, m'a été fournie , comme
je l'ai dit alors , par une des sources que j'ai
citées. Une histoire sur les Etats barbaresques
et les corsaires, par un certain Père Dam,
Supérieur des Pères de la Rédemption des
Captifs , à Fontainebleau , parle d'un événement à peu près de même nature arrivé à un
des ancêtres de notre Evêque des Essarts.
L'Abbé Le Brasseur, dont le style est naturellement plus grave, que le mien, s'est bien
permis d'en faire mention avant moi ; il est
vrai que, craignant de se compromettre, et
comptant outre mesure sur la crédulité de
ses lecteurs , il a grand soin de leur déclarer
qu'il n'a pas assez de certitude de l'aventure
pour pouvoir la garantir (9).

Au tems du premier voyage de Saint-Louis
à la Terre-Sainte, Gilbert de Lomblon, aïeul
ou bisaïeul, par les femmes , de l'Evêque
Matthieu des Essarts , après une assez longue
captivité chez les Infidèles , fut rapporté mi-
La Poultière raculeusement de Syrie à sa terre de la Poultière , proche Breteuil. Lorsque partant pour

la Palestine, il avait quitté son château, il y avait laissé sa femme qui, pendant long-tems avait gémi de son absence. J'ai dit, avait gémi, car les regrets ne sont pas éternels, et le tems des gémissemens était passé. Quelques années s'étaient écoulées depuis le départ de son mari ; le bruit de la mort de l'époux voyageur s'était accrédité ; elle se croyait veuve. Jeune encore, sensible aux consolations que cherchait, depuis un certain tems, à lui procurer un seigneur voisin, dont le mérite égalait les bonnes manières, elle avait cédé à ses instances, et le roman touchait au moment de sa conclusion. Le jour avait été fixé pour les épousailles ; déjà un souper brillant réunissait toute la Noblesse de la ville de Breteuil et du pays ; tout se préparait pour un bonheur sans nuages, la table était entourée de convives joyeux : au même instant les portes de la salle s'ouvrent ; un étranger paraît, la figure have, basannée, le corps atténué et affaibli, appuyé sur un bourdon haut de six pieds, la barbe longue de deux ; et, si l'on en croit l'historien, traînant après lui des chaînes. L'étonnement, l'effroi, tiennent l'assemblée stupéfaite ; l'étranger s'approche, la dame tremblante, méconnaît d'abord son mari sous ces hideuses apparences;

mais bientôt un anneau, dont elle avait dû conserver la moitié, et dont le pâle Gilbert lui présente l'autre portion, lève tous les doutes; la scène change, le mari est reconnu : il était tems. Il rentre dans tous ses droits, et le futur époux voit ceux qu'il était au moment d'acquérir, évanouis Le religieux Père Dam (10), ne dit pas ce que devint ce malheureux éconduit; mais il parle de l'union parfaite qui, régnant désormais dans le ménage réuni de nouveau, empêcha l'extinction de la maison de Lomblon-des-Essarts. L'Evêque d'Evreux, Matthieu des Essarts, était un de ses descendans, et cette ancienne maison subsiste encore aujourd'hui. Le titre d'*Essais Historiques et Anecdotiques* sous lequel se présente mon Ouvrage, est le manteau qui couvre et autorise cette narration épisodique.

Pour revenir à des faits plus avérés, l'Evêque Matthieu des Essarts, fut le premier Evêque de France qui, après la canonisation du Roi Saint-Louis, par le Pape Boniface VIII, fit la dédicace d'une Eglise sous l'invocation du Saint Roi ; et l'Eglise des Frères Prêcheurs, à Evreux (11), changeant son titre, vers 1298, fut la première de toutes les Eglises catholiques, lique , consacrée sous les titre et patronage de Saint-Louis.

Cependant , en 1302 , la Flandre supportait impatiemment le joug de la France ; les Flamands étaient exaspérés des injustices et concussions que leur jeune Gouverneur, Jacques de Châtillon , exerçait sur eux , par les conseils de Pierre Flotte , homme violent et avare ; aussi était-il borgne , dit Mezerai , et contrefait de corps , ajoute Moreri ; ils se révoltèrent : l'opiniâtreté des rebelles fit durer jusqu'en 1304 une guerre où Philippe-le-Bel employa des forces formidables. Il y essuya quelques échecs jusqu'à la victoire de Mons-en-Puelle , qu'il remporta en personne , et où il courut de grands dangers. Ce fut le 18 de Mars que fut donnée la bataille; elle eut lieu à deux reprises dans la journée. Philippe avait atta-qué le matin les Flamands avec l'impétuosité ordinaire aux Français ; surpris à l'improviste, les Flamands avaient ployé , cédé le terrain, et le Roi en avait fait un grand carnage. Les en-nemis dispersés, Philippe s'était retiré vers ses quartiers pour prendre quelque repos ; les Comtes de Valois et d'Evreux, ses frères , qui le suivaient dans cette expédition, étaient ren-trés avec lui dans sa tente ; plusieurs Seigneurs du plus haut rang s'y étaient bientôt rassem-

E

blés ; un repas militaire était déjà dressé : tout à coup un corps considérable de rebelles qui s'était rallié , s'avance rapidement , perce avec furie et pénètre jusqu'à la tente du Roi qui , heureusement n'ayant point sa cote d'armes , ne portait aucun signe distinctif ; Philippe inconnu , tint ferme de sa personne ; les deux Princes, ses frères, firent des prodiges de valeur , se portant toujours au devant des armes qui pouvaient menacer le Roi. Un détachement de cavalerie arrivé à propos, sauve les jours du Monarque. Philippe saisit un cheval , les corps se réunissent ; les Princes commandent les escadrons ; une nouvelle bataille s'engage plus confuse et plus meurtrière que la première. Les Flamands , de toutes parts ont le dessous ; la défaite est complète , ils sont passés au fil de l'épée. Les Historiens disent qu'il en fut tué plus de vingt-cinq mille. Quoiqu'il en soit , une pacification et un accommodement qui eurent lieu peu après , furent le résultat de cette victoire. Philippe-le-Bel vint en rendre grâces à Paris , dans l'Eglise de Notre-Dame , où il entra à cheval, armé de pied en cap. En mémoire de l'événement, un monument assez mesquin , en bois peint et doré , qui représentait le Roi dans cette attitude , fut consacré et placé contre le dernier pilier à droite de la nef, le plus près du chœur, dans la basilique de la capitale. Ce chétif monument avait traversé plus de quatre siècles ; l'ancienneté plus que la matière, l'avait rendu respectable. Nous l'avons vu encore existant de nos jours, jusqu'à l'époque de la révolution française, où le vandalisme le plus lâche et le plus audacieux en même-tems, a détruit tout ce qui, disait-on alors, présentait l'effigie des tyrans. J'ai dû entrer dans ces détails sur la bataille de Mons-en-Puelle, en raison de la belle conduite de Louis, comte d'Evreux, dans cette fameuse journée.

L'an 1305, le Saint-Siége, après une vacance qui dura environ onze mois, fut rempli par Bertrand de Goth, Archevéque de Bordeaux. Le crédit du Comte d'Evreux, sa haute réputation de sagesse, et son influence ne contribuérent pas peu à cette élection. Le Pape fut couronné à Lyon, et prit le nom de Clément V. Philippe - le - Bel et les Princes Charles de Valois et Louis, Comte d'Evreux, assistérent au couronnement. Le Roi, à la cérémonie qui suivit l'intronisation, ayant tenu pendant quelques momens la bride de la haquenée sur laquelle était monté le Saint-Père, la rendit à ses frères Charles et Louis, qui la tinrent tour à tour. Pendant la marche, une vieille muraille, chargée de curieux, s'écroula et pensa occasionner de graves accidens ; les Princes furent légèrement atteints de ses débris ; la thiare de Clément fut jetée par terre et foulée un moment aux pieds ; un rubis d'un grand prix s'en détacha, et ne put se retrouver.

Les années suivantes présentèrent un grand événement , mais qui n'appartient point à l'Histoire particulière que j'écris. Je veux parler de la destruction de l'Ordre des Templiers , et du supplice mémorable et digne de pitié de Jacques de Molay, leur Grand-Maître.

Une dernière guerre que Philippe eut encore à entreprendre contre les Flamands , donna l'occasion à des exactions criminelles et à une altération dangereuse dans les monnaies. Enguerrand de Marigny était alors Surintendant des Finances, il porta tout l'odieu des opérations , dont les peuples eurent beaucoup à gémir , et appela dès lors sur sa tête une vengeance dont il devait être la victime , sous le règne de Louis-Hutin , fils aîné et successeur de Philippe-le-Bel.

Philippe , vers la fin de sa vie , déjà tourmenté par le rappel à sa mémoire de plusieurs événemens de son règne, sur lesquels il ne se sentait pas exempt de reproches, vit ses peines s'accroître par des chagrins particuliers dans l'intérieur de sa famille : il avait trois fils ; Louis dit Hutin, devenu Roi de Navarre par le décès de la Reine Jeanne, sa mère, et héritier présomptif de la couronne de France ; Philippe, son cadet ; et Charles le troisième. Les mariages qu'il leur fit contracter se trouvèrent tous trois mal assortis ; les trois Princesses, toutes trois de Bourgogne, étaient Marguerite, femme de Louis, dont le mariage avait été célébré à Vernon ; Jeanne, mariée à Philippe ; et Blanche, épouse de Charles. Il paraît que la conduite des Princesses fut assez désordonnée ; il eut peut-être été plus prudent de la part des Princes de dissimuler, ils en pensèrent autrement. La Cour de Philippe-le-Bel et sa famille offrirent à la France le spectacle scandaleux d'une attaque juridique, que les trois Princes à la fois intentèrent contre les Princesses leurs épouses. Toutes trois jugées, elles furent convaincues d'adultère ; cependant avec des nuances basées sur la nature des désordres imputés à chacune, elles furent condamnées par arrêt à être enfermées et confinées dans une forteresse. Marguerite et Blanche reçurent pour lieu de réclusion , le château Gaillard , à Andelys ; elles y furent conduites sous bonne et sûre garde , et ce château devint pour elles une prison d'Etat. Deux frères , gentils-hommes Normands , nommés Philippe et Gauthier de Launoy , Officiers dans la maison des Princes Louis et Charles , furent reconnus comme les séducteurs de Marguerite et de Blanche , femmes de l'aîné et du troisième des Princes , ils furent condamnés à un supplice inoui pour la férocité qui l'a dicté; la barbare insouciance de Philippe-le-Bel , laissa exécuter cet horrible arrêt. Les deux malheureux frères furent écorchés vifs , mutilés dans plusieurs parties de leurs corps , et en cet état traînés dans la prairie nouvellement fauchée , dé-pendante du couvent de Maubuisson , près Pontoise , puis enfin , pendus par les aisselles à une potence : ils expirèrent par suite des plus épouvantables tourmens , et leur tête , séparée de leur corps , fut clouée au gibet. Nous verrons plus tard quel fut le sort des deux Princesses enfermées au château Gail-lard. Quant à Jeanne , épouse de Philippe , il ne se trouva pas de preuves assez fortes contre elle , l'arrêt la condamna à être conduite pri-sonnière au château de Dourdan , en Beauce ; elle en sortit quelques mois après , et rentra en grâce avec son mari, Roi depuis, sous le nom de Philippe V, et dit Philippe-le-Long, à cause de sa taille haute et élancée.

Philippe IV, dit le Bel, mourut en 1314, à Fontainebleau, où il était né. Son fils aîné, Louis X, dit Hutin, lui succéda à l'âge de vingt-six ans. Parmi nos historiens, la plupart veulent qu'il ait été surnommé Hutin, parce que, disent-ils, il était un peu mutin; mais un autre plus recherché dans ses étimologies, veut que ce Prince, querelleur et faisant beaucoup de tapage, ait reçu ce surnom par analogie avec le petit maillet des tonnelliers, qu'on appelle Hutinet et qui fait le plus de bruit. Etimologie assez risible, et que je donne pour ce qu'elle vaut.

Dès son avénement à la couronne, pensant à contracter un nouveau mariage, Louis X rechercha l'alliance de Clémence, fille du Roi de Hongrie. Marguerite de Bourgogne, condamnée à la prison pour le reste de ses jours, au Château Gaillard, était un obstacle à cette nouvelle union; le jeune Roi trouva que le plus court expédient était de s'en défaire sans autre forme de procès; elle reçut un matin dans sa prison la visite de deux sicaires qui, s'emparant sans difficulté de sa personne, l'étranglèrent avec les draps de son lit. Ses restes furent transportés à Vernon , qui avait été témoin de son mariage et qui reçut sa dépouille. Elle laissait à Louis Hutin une fille nommée Jeanne , destinée à recueillir le Royaume de Navarre et à jouer un rôle dans notre histoire.

Cette manière expéditive de sortir d'embarras , permit au Roi de presser l'arrivée en France de Clémence , qu'il épousa sans délai. On peut dire que le corps de la malheureuse Marguerite servit en quelque sorte de marche-pied à la nouvelle Reine pour monter et s'asseoir sur le trône , auprès de Louis Hutin.

Un principal événement , qui tient à l'histoire de nos contrées , occupa la majeure partie d'un règne de courte durée. Je veux parler de la catastrophe d'Enguerrand de Marigny. La famille de ce Seigneur, dont le vrai nom était Leportier , subsistait très-anciennement en Normandie et possédait de grands biens autour de la ville de Lyons ; Manneville , Hébécourt, Rozay, étaient dans ses domaines, dont Rozay était le principal manoir. Enguerrand Leportier , dans le douzième siècle , ayant épousé une héritière de la maison de Marigny , adopta le nom de Marigny pour lui et sa descendance ; il fit l'acquisition de la terre et Seigneurie d'Ecouis , et son petit-fils , nommé comme lui Enguerrand , affectionnant le bourg d'Ecouis , y fit bâtir un Château , et y fonda une Eglise collégiale pendant le tems de sa grande faveur auprès du Roi Philippe-le-Bel. Il avait en effet réussi auprès de ce Prince dès les premiers momens où il avait paru à sa cour ; la place de Chambellan de France , qu'il sut obtenir de Philippe , ne parut pas au Roi un poste suffisant pour les talens d'Enguerrand ; il le nomma Capitaine du Louvre , qui à cette époque était déjà l'habitation de nos Rois , l'appela dans tous ses conseils , et finit par adjoindre à toutes ses fonctions l'intendance générale de ses finances et bâtimens , lui donnant en outre le Comté de Longueville. Marigny , au faîte de la faveur , loin de savoir s'y concilier les esprits , affichait une hauteur toujours déplacée et un luxe inconnu jusqu'alors ; Philippe-le-Bel aimant la dépense jusqu'à la prodigalité , voyait dans ce chef de ses finances l'homme vraiment utile pour lui, et qui , fécond en ressources , ne manquait jamais de moyens pour alimenter son trésor. Marigny , éloquent à propos et quand il le voulait, obtint dans plusieurs occasions, par ses discours entraînans, l'assentiment des états convoqués pour prononcer sur des opérations financières , dont l'exécution finit par paraître concussionnaire et désastreuse ; fier de son crédit , il méprisait les clameurs et ne ménageait personne , pas même Charles de Valois , frère de Philippe-le-Bel ; ce Prince devint son ennemi irréconciliable.

Lorsque Louis Hutin monta sur le trône , la détresse des finances était à son comble , au point qu'on fut forcé de retarder la cérémonie du sacre du Roi , faute d'argent pour subvenir aux dépenses exigées par les circonstances. Louis X , quoiqu'âgé de vingt-six ans , étranger aux affaires , était un Prince faible, irascible et de peu de capacité. Charles de Valois , son oncle , n'eut pas beaucoup de peine à s'emparer de son esprit et de l'autorité ; le Surintendant était depuis long-tems le point de mire de l'animadversion de Charles. On demanda à Marigny le compte de l'emploi des deniers perçus pendant son administration ; celui-ci, dans un conseil convoqué à Vincennes, à l'effet de recevoir ses réponses , annonça avec assurance qu'incessamment il mettrait au grand jour les détails qui concernaient sa gestion. » Faites « le tout présentement , lui dit avec arrogance » Charles de Valois. — Sire , volontiers, » répond Marigny , car je vous en ai baillé la

» plus grande partie , et le demeurant , j'ai
» mis en paiement les dettes de Monseigneur
» votre frère. » Cette réponse présentait un
équivoque, et pouvait avoir trait au Roi défunt, Philippe - le-bel , comme elle pouvait
atteindre Louis, Comte d'Evreux. Ce dernier, présent au conseil, se contint, et,
par un excès de prudence, resta étranger
à la discussion. » — Certes, de ce vous
» mentez, Enguerrand, reprend le Comte
» de Valois offensé. — Parbleu, sire, vous
» en mentez vous , replique Marigny. Ce
démenti , hors de toute mesure, eut porté
le Prince qui déjà avait la main sur la garde
de son épée , à le punir sur l'heure , si la
présence du Roi Louis Hutin n'eut contenu
ce premier mouvement; mais dès ce moment
la perte de Marigny fut décidée ; il fut
arrêté peu après , enfermé dans la tour du
Louvre, puis transféré dans celle du Temple.
Son procès fut bientôt commencé et suivi
avec des formes subordonnées à l'animosité
vindicative de Charles; des inculpations chi-
mériques furent écoutées et jointes à celles
qui , si elles n'eussent concerné que son
administration , auraient pu présenter un
caractère de vérité ; Marigny fut à peine
entendu ; le malheureux Surintendant fut

condamné et conduit aux fourches patibu-
laires de Montfaucon qu'il avait fait élever ;
il y fut pendu au plus haut du gibet avec les
autres larrons. Telles sont les expressions des
chroniques de S.t-Denis. L'esprit de vengeance et la passion plus que la conviction
des prétendus crimes imputés à Enguerrand ,
dictèrent sa condamnation.

La réponse hardie et laconique adressée
au Prince Charles de Valois par le Surintendant , pour sa justification dans le premier
conseil tenu à Vincennes , avait semblé in-
culper le Comte d'Evreux ; et , il faut en
convenir , il n'était peut-être pas hors de
toute atteinte de cette inculpation. Il est bon
d'en développer succinctement les causes.

Lors de la dotation dont Philippe-le-Bel
avait apanagé Louis, son frère, le Comté
d'Evreux , dont il avait joint le revenu au titre ,
ne présentait pas en produit une somme réellement suffisante pour l'existence splendide
d'un fils de France ; le Roi y avait ajouté une
rente pécuniaire à percevoir annuellement
sur le trésor royal ; mais il se trouva que le
désordre dans les finances , sous le règne de
Philippe IV , rendit presque nul ce surcroît
de dotation ; il ne fut que peu ou point
acquitté par le trésor ; en outre , les évalua-

tions des revenus du Comté d'Evreux surpas-
saient de beaucoup l'effectif du produit. Le
Comte d'Evreux avait à soutenir une dépense
analogue à son rang, pour la Comtesse, son
épouse, pour les Princes, ses enfans, et pour
lui-même ; cette depense étant calculée sur
un revenu présumé et non effectif, de l'aveu
du Roi lui-même, Louis avait dû souvent se
trouver hors de pair. Plusieurs fois Philippe-
le-Bel avait donné ordre à Enguerrand de
venir au secours des finances de son frère ;
ce qu'avait fait le Surintendant, sans néanmoins arriver jusqu'au revenu réel promis par
le Roi, et sur lequel le Comte avait droit de
compter.

Louis Hutin avait reconnu ce même déficit.
Voulant à son tour y pourvoir, il commença
par assigner au Comte d'Evreux, son oncle,
en supplément de dotation, une portion
considérable des biens territoriaux confisqués
sur l'infortuné Marigny ; les terres de Marigny et d'Ecouis en firent partie.

La Comtesse d'Evreux, Marguerite d'Artois, étant décédée à Paris, en cette même
année 1314, le Comte Louis, sans préjudice
des regrets que lui laissa cette perte, vit
alors la possibilité, par une diminution de
dépense qui en était la conséquence, d'éta-

blir l'équilibre désirable dans ses finances. La mort prématurée du Roi Louis Hutin, en 1316, suspendit toutes les opérations , et laissa le Comte d'Evreux dans la même situation.

Philippe V, dit le Long, animé des mêmes motifs d'intérêt et de considération pour le Prince, son oncle, n'eut rien de plus à cœur, dès son avénement à la couronne , que de fixer d'une manière honorable et invariable le sort du Comte. Il érigea d'abord le Comté d'Evreux en pairie perpétuelle , élevant par ce moyen le Comte Louis à la dignité de Pair , aux mêmes prérogatives que les premiers et anciens Pairs de France ; il s'occupa en même tems d'établir la fortune de son oncle en proportion avec ces nouveaux honneurs.

Le Roi Philippe , du vivant de Louis Hutin , son frère, n'avait pas vu du même œil que lui la condamnation de Marigny ; malgré les égards qu'il rendait à Charles de Valois , il n'avait pu se défendre de regarder comme très exagérées les inculpations dirigées contre le Surintendant , que dans sa conscience il croyait victime de l'implacable animosité du Comte Charles. Louis , Comte d'Evreux , Prince aussi équitable qu'éclairé , penchait vers le même sentiment ; la dépouille des biens de Marigny , dont il se voyait doté en supplément d'apanage , pesait à son âme noble et généreuse. De cet accord de la même façon de penser du Roi et de Louis , il résulta une détermination dictée par la justice et l'impartialité. Philippe - le - Long reçut du Comte d'Evreux , sa renonciation aux biens d'Enguerrand de Marigny , et les restitua à la famille et aux enfans de cette victime du pouvoir arbitraire , puis assigna à Louis un revenu , tant en biens territoriaux qu'autre-ment , équivalant à ce qui devait faire le pro-duit réel de son apanage. Ces détails , que j'abrége , semblent présenter d'abord une médiocre importance ; ils sont cependant nécessaires pour faire connaître ou à peu près la fortune du Comte d'Evreux , sur laquelle était appuyée celle de ses enfans. Parmi ces derniers, je ne suivrai que le sort de Philippe d'Evreux , son fils aîné. Ce Prince n'était pas encore en âge d'être marié, mais le Roi Phi-lippe-le-Long , d'intelligence avec le Comte Louis , se proposait de lui faire épouser Jeanne de France , sa nièce. Jeanne était fille de Louis Hutin , du premier mariage de ce Roi avec Marguerite de Bourgogne , morte misérablement au château Gaillard ; cette jeune Princesse , héritière de la couronne de

Navarre, qui ne repoussait point les femmes
du trône , n'en fut néanmoins pas mise en
possession par Philippe-le-Long, auquel l'âge
tendre de la Princesse servit de prétexte.
Cet état de choses dura jusqu'en 1319 ; et
au commencement de cette année , Jeanne
épousa son cousin , Philippe d'Evreux ; en
vertu de dispenses régulièrement obtenues
du Pape Jean XXII ; l'extrême jeunesse des
deux époux ne permit point encore de les
réunir.

Le Comte Louis d'Evreux avait à peine
terminé cette affaire importante pour le sort
futur de son fils , que la mort, cette même
année 1319 , au mois de mai, vint le frapper
à Paris , dans un hôtel qu'il y avait fait bâtir
sur un emplacement qui fut depuis celui de
la foire et aujourd'hui du marché S.t-Ger-
main - des - Prés. Les historiens s'accordent
tous pour faire l'éloge des rares qualités de
ce Prince , prudent et brave tout à la fois,
attaché à ses Souverains par les liens de
famille comme par ceux du respect et du
dévouement. Pénétré de l'importante ma-
xime que les biens et le pouvoir ne sont
départis aux grands que pour faire le bonheur
de ceux qui leur sont soumis , ces principes
furent la règle de sa conduite dans son Comté
d'Evreux,

d'Evreux , où les peuples le regrettèrent comme un père.

On pourrait peut-être lui reprocher d'avoir montré trop peu d'énergie en opposition à l'animosité violente de son frère aîné Charles de Valois , contre le Surintendant Marigny. Il est évident que la culpabilité d'Enguerrand ne fut nullement prouvée à Louis , Comte d'Evreux. Peut-être une honorable résistance de sa part eut soutenu la faiblesse de Louis Hutin ; et évité à Charles de Valois une fin misérable et tourmentée de remords.

En effet , Charles de Valois , sur la fin de sa vie, sous le règne de Charles-le-Bel , frappé d'apoplexie , et demeuré perclus de la moitié du corps , crut voir dans ce malheur un châtiment du ciel , pour l'abus de pouvoir dont il avait été le provocateur , en dictant, pour ainsi dire, lui-même, la sentence qui conduisit Marigny au gibet; il ordonna , en expiation , une aumône publique. Par ses ordres , ceux qui en étaient les distributeurs, répétaient aux pauvres assistés : *Priez Dieu pour Monseigneur Enguerrand et pour Monseigneur Charles de Valois.* Il faisait ainsi par humilité et en signe de réparation , appeler son nom après celui de la victime dont il se reprochait la mort; il voulut encore que cette réparation fût toute entière, et ne laissât rien à désirer. Déjà, sous les règnes précédens, il avait été permis à Jean de Marigny, alors Evêque de Beauvais, et depuis Archevêque de Rouen, de faire enlever les tristes restes de son malheureux frère, trop long-tems exposés aux fourches de Montfaucon, et de les rendre à la sépulture, dans l'Eglise des Chartreux, à Paris. Charles de Valois, constant dans son repentir comme il avait été opiniâtre dans ses vengeances, et poursuivant la réhabilitation du défunt comme il avait poursuivi vivant sa condamnation, fit de nouveau transférer ces restes dans l'Eglise d'Ecouis. Peu avant sa mort, arrivée en 1325, il y fit élever, à ses frais, un mausolée de marbre noir. L'Archevêque de Rouen, mort plus de 20 années après son frère, voulut être enterré auprès de lui, et eut son tombeau dans la même Eglise.

La Seigneurie d'Ecouis passa depuis dans l'illustre maison de Châtillon-sur-Marne, et ensuite dans celle de Pont-Saint-Pierre-de-Roncherolles, par le mariage de Marguerite de Châtillon avec Pierre de Roncherolles. Les uns ou les autres firent élever sur le tombeau d'Enguerrand, la représentation en pierre, de l'infortuné fondateur de cette Eglise, armé de toutes pièces, excepté la tête ; il avait à ses pieds un chien, signe symbolique indiquant alors que le Chevalier n'était pas mort dans les combats ; une épitaphe en vers français assez médiocres, rappelait les titres et les services du défunt, sans parler du genre de sa mort. Le tems, et plus rapidement encore le vandalisme, suite des révolutions, détruisent les monumens ; mais l'histoire est là, pour transmettre les faits et leur souvenir à la postérité (12).

Cependant le jeune Comte d'Evreux Philippe, et la jeune Comtesse Jeanne de France, croissaient en âge ; plus occupés des plaisirs et des amusemens que pouvait leur offrir une cour brillante de jeunesse, que de tous autres soins, ils avaient peu pensé à réclamer l'investiture du Royaume de Navarre, auquel, du chef de Jeanne, fille de Louis Hutin, ils avaient des droits incontestables. Philippe-le-Long, et après lui Charles-le-Bel, sans entreprendre de leur disputer ces droits, n'en avaient pas moins, contre toute justice, gardé l'un après l'autre la jouissance de cette couronne. Le Comte et la Comtesse d'Evreux et leurs conseils, ne supposant point que cette jouissance put être regardée comme une prise de possession réelle, se réservèrent, par un silence combiné avec leurs intéréts ; la possibilité de faire valoir leurs droits dans d'autres tems ; mais ayant sollicité auprès de Charles-le-Bel leur rentrée en possession des Comtés de Brie et de Champagne , auxquels ils prétendaient pareillement , le Roi s'expliqua sans détours à cet égard ; et de sa suprême autorité , réunissant ces grands Comtés à la couronne de France , il dédommagea les jeunes époux d'une manière à peu près satisfaisante ; il confirma d'abord , pour et à toujours , l'érection du Comté d'Evreux en pairie , et leur en donna des lettres-patentes ; il adjoignit à ce Comté des domaines qui comprirent les Châteaux et Seigneuries de Nonancourt, Ivry et Anet , plus les Comtés d'Angoulême et de Mortain. Nanti de ces compensations , le Comte d'Evreux supercéda à toutes autres réclamations.

Charles le Bel ne survécut pas long-tems à la passation de ces actes ; il mourut en 1328 , sans laisser d'enfant mâle d'aucune de ses trois femmes ; la première était cette Blanche de Bourgogne que nous avons vue confinée au château Gaillard , répudiée sous prétexte de parenté en 1322 ; à l'avénement de Charles-le-Bel à la couronne , elle avait obtenu la permission de se retirer au couvent de Maubuisson ', où elle décéda dans la retraite et la pénitence. La seconde femme de Charles fut Marie de Luxembourg ; et la troisième enfin fut Jeanne d'Evreux , sœur aînée de notre Comte Philippe d'Evreux.

Philippe , fils de Charles de Valois , âgé de 36 ans , fut alors , sous le nom de Philippe VI , dit de Valois , appelé à former une nouvelle branche de nos Rois sur la tige des Capétiens , et monta sur le trône de France.

Un acte remarquable d'équité honora l'avénement du nouveau Monarque. L'exemple de ses deux prédécesseurs , qui sous des prétextes spécieux avaient retenu la couronne de Navarre au détriment de Jeanne , fille de Louis Hutin , mariée au Comte d'Evreux , ne l'entraîna point à un abus semblable de sa puissance ; il rendit cette couronne avec la plénitude de ses appartenances et prérogatives à la Princesse et au Comte d'Evreux, son mari , qui dès lors prirent le titre de Roi et Reine de Navarre, titre sous lequel nous les désignerons désormais.

Des députés Navarrois ne tardèrent pas à se rendre en France auprès de leurs nouveaux et légitimes Souverains , qui, dans la même année furent reçus , sacrés et couronnés à Pampelune , capitale du Royaume de Navarre.

Le généreux désintéressement de Philippe de Valois méritait toute la reconnaissance du nouveau Roi de Navarre, aussi ce dernier ne tarda pas à lui offrir la preuve de son dévouement. Tous ses momens, aussitôt son arrivée en Navarre, furent employés à rétablir un système régulier dans toutes les parties de l'administration de ses états, où tout se ressentait de l'absence du Souverain depuis plusieurs années ; laissant ensuite la Reine Jeanne, son épouse, gouvernante du Royaume, il revint en France joindre ses drapeaux à ceux de Philippe de Valois.

Ce Monarque s'y disposait à partir pour la Flandre ; le Comte de Flandre avait imploré son appui contre ses sujets révoltés ; une armée formidable se rassemblait près d'Arras, pour cette expédition ; plusieurs grands vassaux de France, appelés par le Roi, s'y trouvaient en personne ; Philippe de Valois prend de grandes mesures ; il veut que la première année de son règne, déjà signalée par un grand acte de justice envers le Comte d'Evreux, Roi de Navarre, son cousin, soit encore l'époque d'un acte de haute protection envers le Comte de Flandre, et illustrée par de brillans exploits militaires ; il vient prendre l'oriflamme à S.t-Denis ; Miles, Seigneur de

Noyers près Gisors , grand Bouteiller de France , l'un des guerriers les plus renommés de son tems , comme porte-oriflamme , en reçoit la garde. Le Roi de Navarre se range sous cette insigne bannière (13) , et marche près de Philippe ; ils arrivent sur la frontière des terres Flamandes , en face de Cassel. Les Flamands postés sur la hauteur sur laquelle est située cette ville , y dominaient le camp du Roi et le harcelaient par de continuelles sorties ; joignant à la révolte la jactance , ils avaient placé au plus haut de leurs retranchemens la figure d'un coq , qui portait en transparent cette inscription :

» Quand ce coq chanté aura ,
» Le Roi Cassel conquêtera.

Fatigué de leurs fanfaronnades , Philippe de Valois se disposait à les attaquer , peut-être à tort , vu leur position avantageuse ; mais les Flamands instruits secrètement de ce projet , dont l'exécution devait avoir lieu le jour de S.t-Barthélemi , se hâtèrent de le prévenir par un coup hardi : ils oublient l'avantage de leur situation ; et pleins d'une confiance téméraire , sans attendre le jour de l'attaque qui leur était connu , ils fondent comme un torrent sur le camp Français et pénètrent jusqu'au quartier du Roi. La même scène qui avait eu lieu lors de la bataille de Mons - en - Puelle , sous Philippe le-Bel , se renouvela avec la même impétuosité et dans les mêmes circonstances ; il était réservé à nos Comtes d'Evreux, de défendre de leur personne, la vie de leur Roi. Celle de Philippe de Valois se trouva menacée , mais le Roi de Navarre est là ; à la tête d'un groupe de braves , il oppose une digue insurmontable à ces audacieux ; en même tems il prévoit tout , pourvoit à tout ; le preux Seigneur de Noyers, par ses ordres , élève l'étendard Royal sur un tertre pour servir à la fois de signal du danger et de point de ralliement ; déjà un bataillon serré s'est formé autour de la tente du Roi de France ; la cavalerie , en escadrons nombreux , accourt de toutes parts , et prenant les ennemis en flanc , porte le désordre et la mort dans les rangs de l'armée Flamande qui avait suivi de près ses enfans perdus. L'armée Française marche bientôt en bataille ; Philippe de Valois est à la tête ; Zanec, l'un des chefs des rebelles , tombe frappé et est foulé aux pieds des siens ; la déroute devient générale parmi les ennemis ; l'armée Flamande est anéantie. Ces peuples dans cette affaire , firent preuve d'une intrépidité digne d'un meilleur sort. « De plus de douze

» mille Flamands (dit Froissard) , il n'en
» échappa nul , et tant que dudit nombre de
» ceux qui morts étaient , n'en recula un
» seul que tous ne fussent tués ou morts en
» monceaux l'un sur l'autre , sans issir de la
» place en laquelle ladite bataille commença ».

Le Roi Philippe entra victorieux dans Cassel le jour même , et se tournant vers le Roi de Navarre et les Seigneurs qui l'entouraient : c'est à vous, dit-il, que je dois la victoire, et à vous , mon cousin , la victoire et la vie.

Cette bataille , dite de Mont Cassel , remportée par Philippe de Valois, dès les premiers mois de son règne , et plus encore son élévation sur un trône dont il n'était par sa naissance destiné à occuper que les degrés ; lui firent donner le nom de Philippe-le Fortuné ; heureux les Français , heureux ce Roi s'il eût long-tems mérité ce surnom! L'espoir anticipant souvent sur les événemens , dicte aux peuples les surnoms qu'ils donnent à leurs Souverains à peine assis sur le trône , la flatterie les saisit et les proclame; la postérité seule les juge, et sans appel, a droit de les confirmer.

Philippe d'Evreux , après le témoignage éclatant rendu à sa valeur par le Roi de France , s'empressa d'aller porter ses trophées à la Reine Jeanne, son épouse, qu'il rejoignit en Navarre, à Pampelune, sa capitale ; les dispositions qu'il y trouva faites par la Reine, portaient l'empreinte de sa sagesse et de celle des hommes éclairés qu'elle avait appelés près d'elle pour l'aider de leurs conseils ; le Roi n'eut qu'à les sanctionner par son assentiment. Il assembla les états pour connaître par les Navarrois eux-mêmes leurs besoins ultérieurs et leurs nouvelles réclamations ; des lois justes et protectrices furent rendues pour le maintien de la paix intérieure et du bon ordre ; plusieurs subsistent encore aujourd'hui dans le code suivi en Navarre. Si ce Prince ne parvint pas à procurer aux Navarrois, naturellement disposés à l'insubordination, toute la tranquillité dont il eut desiré les faire jouir, au moins il en constitua les élémens. L'espoir d'atteindre le but qu'il se proposait dans ses intentions paternelles, soutint et alimenta sa constance pendant près de trois années de séjour qu'il fit dans ces contrées ; mais l'inquiète agitation de ces peuples impatiens du joug, jointe à la chaleur immodérée d'un climat brûlant auquel le Roi ne pouvait s'accoutumer, décidèrent le départ de la famille Royale pour la France. Un conseil de Régence, choisi avec discernement, et présidé par un Gouverneur distingué par son mérite et ses talens, fut établi dans le Royaume et reçut le dépôt de la confiance des Souverains. Ils revinrent en France vers l'an 1331; les grands biens qu'ils possédaient en Normandie, la richesse et la beauté du pays, et par-dessus tout, la tranquillité dont ils avaient déjà joui dans cette province, habitée par une population au milieu de laquelle ils avaient toujours trouvé soumission et dévouement; tant d'intérêts réunis les engageaient à se fixer dans leur Comté d'E-vreux; ils s'y voyaient d'ailleurs à portée d'y entretenir des relations fréquentes avec Philippe de Valois, qui, à leur rentrée à sa cour, leur fit le plus brillant accueil.

Ce Monarque était alors occupé de la décision d'une grande affaire pour laquelle la cour des Pairs était convoquée; il s'agissait de l'investiture du Comté d'Artois, réclamé d'un côté par les enfans de Jeanne de Bourgogne, veuve du Roi Philippe-le-Long, et de l'autre par le Comte Robert d'Artois; Robert de France, frère de S.t-Louis, étant leur tige commune. Robert, fier de son alliance avec Philippe de Valois, dont il avait épousé la sœur, avait rendu quelques services au Roi au moment de son élévation sur le trône ; Philippe venait de le créer pair de France , érigeant sa terre de Beaumont-le-Roger en Comté-pairie. Robert déjà avait échoué deux fois dans ses réclamations sous les règnes précédens , mais espérait une décision plus favorable sous celui-ci ; il se flattait que la cour des pairs , dont comme membre il était justiciable , prononcerait en sa faveur. Le Roi de Navarre , comme Comte d'Evreux , était aussi l'un des Pairs ; les réunions de plusieurs Pairies à la couronne depuis quelques années , avaient rendu ce tribunal national incomplet. Ce fut à dessein d'y pourvoir, que Philippe de Valois émancipant Jean , son fils aîné , héritier présomptif du trône , le créa Pair , sous le titre renouvelé de Duc de Normandie. La cour des pairs se trouvant ainsi suffisamment garnie et complète , l'affaire qui concernait Robert d'Artois fut mise en jugement. Sans entrer à cet égard dans des détails qui me sont étrangers , je me bornerai à dire que le Prince fut convaincu dans les débats d'avoir , à l'aide de faussaires , fabriqué des titres évidemment reconnus faux , et avec des circonstances faites pour attirer sur lui la honte et le mépris. En conséquence , Robert d'Artois , Prince du sang

Royal, **Pair de France** , Comte de Beaumont-le-Roger , fut déclaré déchu de toutes prétentions au Comté d'Artois ; et en outre , en résultance des faits mentionnés au procès, banni de la cour de France , et tous ses biens confisqués **au profit de la couronne.**

S'il n'était pas au pouvoir du Roi de suspendre l'effet de ce sévère jugement , au moins pouvait-il dans l'exécution en modifier quelques dispositions. Les liens du sang qui l'unissaient à Robert , le caractère impétueux et connu de ce Prince , une politique prévoyante , tout semblait lui dicter la modération dans les mesures. Philippe de Valois, poursuivant au contraire la stricte exécution de ce rigoureux prononcé, et ayant fait apposer le séquestre sur tous les biens du Prince, le réduisit aux dernières extrémités. Robert sans ressource , outré de désespoir , s'évada de France la rage dans le cœur ; et méditant des projets de vengeance qu'il ne quitta qu'avec la vie , passa en Angleterre pour y chercher un refuge auprès d'Edouard III. Ce Prince le reçut avec une distinction et des égards faits pour choquer Philippe ; il lui donna pour son entretien le Comté de Richemont et une place dans son conseil d'état.

Le Roi de France sentit vivement l'affront ;

et sans en rien témoigner directement au Monarque Anglais , il lui rendit la pareille en accueillant en France David de Brus ou Bruis , roi d'Ecosse , détrôné par son concurrent Edouard de Bailleul (14), originaire de Normandie , que le Roi d'Angleterre soutenait. Philippe de Valois affecta l'accueil le plus solennel pour David , le traitant comme un illustre réfugié qui dans le choc de deux couronnes s'était trouvé le plus faible. Il assigna au Roi d'Ecosse détrôné des revenus analogues à une existence Royale , et lui donna pour résidence le château Gaillard. Ce lieu , dont nous avons eu plusieurs fois occasion de parler , changeant ainsi de destination suivant les événemens , devint alors pour quelque tems l'asile offert par le Roi de France à un Roi malheureux , qui y tint provisoirement une cour dont Philippe de Valois payait les frais. Cette générosité de Philippe masquait des représailles dont le Monarque Anglais ne se dissimulait point le motif. Un levain secret d'animosité et de jalousie réciproques fermentait dans le cœur des deux Rois de France et d'Angleterre ; ce feu caché devait bientôt faire explosion ; et notre Normandie en devait ressentir les cruelles atteintes.

Pendant qu'un simulacre de cour au château Gaillard occupait momentanément les habitans d'Andelys , le Roi et la Reine de Navarre tenaient la leur à Evreux. La Reine, peu après son retour, avait mis au monde un fils, auquel elle avait donné le nom de Charles, destiné à succéder à la couronne et aux grands biens de son père. C'est ce Prince dont la vie orageuse et criminelle fut un fléau pour la France sous les successeurs de Philippe de Valois. Son enfance aimable, ses réparties ingénieuses et quelques traits de générosité , n'annonçaient rien moins dans les premiers tems de sa vie, que les actes de dépravation et de scélératesse qui en rendirent le cours désastreusement célèbre , et lui méritèrent, à si juste titre , le nom de Charles-le-Mauvais.

Le Roi et la Reine de Navarre se plaisaient beaucoup à Evreux ; la cour du Roi de France , où ils représentaient dans toutes les occasions avec la dignité qui appartenait à leur rang , et le château d'Evreux où ils faisaient leur séjour ordinaire , partageaient convenablement leur tems. Philippe d'E-vreux , chasseur quand il n'était pas guer-rier, prenait souvent l'exercice de la chasse , tantôt dans la forêt d'Evreux ou celle de

Pacy, tantôt dans celles d'Ivry ou de Dreux, proche de son château d'Anet qu'il habitait souvent dans la belle saison, et situé près des rives de l'Eure. La Reine Jeanne préférait les bords de l'Iton : cette prédilection la décida à y faire construire un château très-rapproché de la ville, et auquel, par rappel du nom du Royaume dont elle était Reine, elle donna le nom de Navarre. Celui, bâti depuis par les Princes de la maison de Bouillon, quoique n'étant pas élevé positivement sur le même emplacement, conserve encore aujourd'hui la même dénomination.

Aucun indice certain ne peut donner d'idée sur le genre d'architecture du château construit par la Reine Jeanne de Navarre. Il était, selon toute apparence, approprié au goût du siècle, réunissant les moyens de defense et de sûreté extérieure avec le mode de disposition et de distribution intérieure qui convenait aux usages du tems. L'architecture se sentait encore de la rudesse des siècles passés ; l'art de tirer des eaux courantes toutes les ressources d'utilité et d'agrément que le perfectionnement des connaissances en hydraulique a permis d'en obtenir depuis, n'était point encore familier dans ces tems-là. On sait seulement que la
Reine,

Reine , en dérivation du cours naturel de la rivière d'Iton , avait fait creuser un canal qui, partant de Navarre et du village de S.t-Germain , arrivait à Evreux , qu'il traversait ; ce canal conduisait ses eaux le long des murs , proche la Cathédrale et le château de la ville , vers lesquels il servait de chemin plus gracieux et plus doux que celui de terre.

Si la variété et l'abondance des jouissances sont départies aux Monarques et aux Puissans , les sollicitudes sont à côté pour troubler ces apparences de bonheur. La nouvelle d'une irruption des Maures en Castille vint arracher le Roi de Navarre aux douceurs d'une vie paisible , à laquelle , entouré des hommages de ses sujets du Comté d'Evreux , il aimait à se livrer. La Navarre , vers l'an 1340 , menacée par un Roi d'Afrique qui avait fait une descente en Espagne , réclamait la présence de son Souverain. Le Roi quitta Evreux et se rendit en toute hâte dans ses états. Au moment de son arrivée , le Roi de Castille, par une victoire éclatante , venait de repousser le danger. Pendant le séjour que Philippe fit dans son Royaume , il lia intime connaissance avec Gaston, deuxième du nom , Comte de Foix et de Béarn , Souverainetés voisines de la Navarre , et prépara

G

le mariage d'une de ses filles, Agnès d'Evreux et de Navarre, avec le fils aîné de ce Prince. Enfin, appelé, en 1343, à une expédition contre les Maures de Grenade, une valeur chevaleresque le fit s'exposer inconsidérément au siége d'Algésiras. Il y fut blessé grièvement et transporté à Xérès; il y mourut de sa blessure, au mois de septembre de la même année.

Le Roi Philippe fut regretté en Navarre comme à Evreux. Le genre de sa mort offre la preuve de sa vaillance. Toutes les actions que l'on connaît de lui portent le caractère de la générosité et de la justice; il fut surnommé Philippe-le-Sage ou le Bon. Les Historiens lui ont conservé particulièrement le dernier surnom, peut-être par opposition avec celui de son fils, Charles-le-Mauvais, qui lui succéda, d'abord comme Comte d'Evreux, sous la tutelle de la Reine Jeanne, sa mère.

Cette Princesse, ayant eu connaissance à Evreux, de la perte qu'elle venait de faire, partit incontinent pour la Navarre, avec les deux Princes Charles et Philippe, ses fils; après y avoir fait prêter, entre ses mains, un nouveau serment de fidélité, par tous les Gouverneurs et Grands Officiers du Royaume, elle revint en France.

La guerre, depuis quelques années, entre
les Rois Philippe-de-Valois et Edouard III,
Roi d'Angleterre, y régnait sur plusieurs
points. Robert d'Artois, toujours ennemi de
sa Patrie, et qui le fut jusqu'à sa mort, arrivée en 1342, n'avait pas cessé d'entretenir
le feu de cette guerre. La Guienne, la Bretagne, la Flandre en furent successivement
et à diverses reprises le théâtre. Plusieurs
suspensions d'armes, plutôt que des trèves,
qui n'avaient offert que des moyens pour
préparer de nouvelles hostilités, les ayant
seulement interrompues. La Normandie,
jusqu'en 1346, ne prit qu'une part très-éloi-
gnée à ces agitations ; mais son moment était
arrivé. L'esprit de vengeance, la haine contre
Philippe de Valois, furent les ressorts les
plus actifs de la guerre qui, cette année, eut
lieu dans cette Province.

Philippe de Valois, d'un caractère inquiet
et fâcheux, souvent brusque vis-à-vis des
Seigneurs qui l'approchaient, comme il l'était
pour son service intérieur, n'avait pas l'art,
si précieux, surtout pour les Souverains, de
savoir se faire aimer. Geoffroy de Harcourt,
d'une famille puissante en Normandie, com-
blé d'abord des bontés du Monarque français,
tomba tout à coup dans sa défaveur. Dès

soupçons ayant atteint sa fidélité , il se vit obligé de fuir. L'Angleterre était toujours l'asile des mécontens ; ils étaient sûrs d'y trouver accueil. Edouard répandit ses bienfaits sur Harcourt, qui, audacieux, vindicatif, remplaça Robert d'Artois auprès du Monarque anglais , par la fureur qu'il fit paraître contre sa Patrie, après sa disgrâce.

La Guienne voyait la guerre sur son territoire. Edouard III avait préparé un armement considérable pour la soutenir , en passant dans cette Province. L'armée était embarquée , et la flotte faisait voile. Les vents ayant changé deux fois , et deux fois repoussé Edouard de sa direction , Geoffroy de Harcourt prit de là occasion pour remontrer au Roi d'Angleterre combien il serait plus avantageux de suivre l'indication que le ciel lui-même semblait donner , en poussant l'embarquement vers les côtes de Normandie. Il observait à Edouard qu'un impôt sur le sel et un changement dans la valeur des monnaies , avaient aliéné les esprits dans plusieurs parties de la France , et surtout en Normandie , où déjà des germes de révolte s'étaient développés. Cette Province, d'ailleurs , qui depuis deux siècles, n'avait pas vu la gue rr, n'offrant plus que très-peu de places fortes, en grande partie démantelées, présentait un pays ouvert, abondant et riche en butin. En fixant les regards du Roi Edouard sur ces considérations, le coupable Harcourt appelait ainsi le fléau de la guerre dans les contrées qui l'avaient vu naître. Le Roi d'Angleterre, cédant à ces raisons, donna l'ordre d'appareiller pour la Normandie. Le débarquement s'y effectua vers le mois de juillet 1346, à la Hogue.

« Le Roi, dit Froissard, issit de son vais-
» selet. Du premier pied qu'il mit sur la terre,
» il chut si roidement, que le sang lui vola
» hors du nez. — Chier Sire, lui dirent les
» Chevaliers, ratrapez-vous en votre nef, et
» ne venez meshui à terre, car voici un petit
» signe contre vous. Lors le Roi — pourquoi?
» Mais c'est un très-bon signe pour moi, car
» la terre me désire. De cette réponse furent
» ses gens moult réjouis. Ains se logea le
» Roi, le soir et la nuit sur le sablon (15) ».

La nouvelle de la descente des Anglais se répand bientôt dans les environs. Déjà, dans toute la Normandie, la terreur plane sur les campagnes, et gagne les bourgs, les cités. Chacun médite la résignation ou prépare la résistance, suivant les possibilités locales, calculées avec l'énergie ou la faiblesse de ceux qui se voient menacés. Evreux , le château de Navarre cessaient, dès ce moment, d'être un asile convenable pour une Reine et sa famille , assez nombreuse ; car alors la Reine de Navarre ayant marié deux de ses filles , en avait encore deux avec elle , et trois princes , dont l'aîné , Charles , Comte d'Evreux , allait atteindre sa quinzième année. La ville d'Evreux était encore entourée de bastions et de murailles en assez bon état d'entretien ; la Reine , après y avoir ordonné les mesures de précautions et de défense qui convenaient à la dignité de son caractère et à sa qualité de Princesse du sang de France , se rendit à Paris.

Cependant le Roi Edouard s'avançait avec son armée , dont l'incendie et la désolation marquaient le passage. Harfleur, Carentan , S.t-Lo furent pillées et saccagées. La ville de Caen , après un pillage de trois jours , fut livrée en partie aux flammes , et grand nombre des habitans furent passés au fil de l'épée ; le château seul , bien fortifié et défendu , resta intact. Les Anglais laissant derrière eux les forts et lieux fermés qui eussent pu retarder leur marche, s'étendaient sur tout le plat pays, et arrivèrent jusqu'à Evreux. Une sage prévoyance y avait tout disposé pour les bien recevoir. Craignant de compromettre les succès faciles qu'ils avaient obtenus jusques-là, « ils passèrent outre, et vinrent, dit Froissard, » à une grosse ville en Normandie que l'on cla- » me Louviers, ville non fermée, et où se faisait » la plus grande plante de draperie, et était » grosse et riche, et moult marchande. Si fut » toute courue, robbée, pillée sans déport, » et y conquirent les Anglais grand avoir ».

La route de Rouen semblait leur être ouverte, ils marchaient vers cette capitale de la Normandie, à dessein d'en faire le siége et de s'en emparer.

Si la vérité due à l'histoire, me force de présenter à mes Lecteurs un des plus anciens enfans de la Normandie, un Geoffroy d'Harcourt, révolté contre son Souverain, provoquant le déchirement de son pays, j'ai au moins la consolation d'offrir, en compensation, l'exemple de Jean de Harcourt, frère aîné du rébelle, vertueux défenseur de sa Patrie, loyal et fidèle serviteur de son Roi. Ce Seigneur commandait à Rouen, il en avait fait couper le pont, et cette importante cité se trouvait, par ses soins, dans un état respectable de défense. Edouard, furieux d'être arrêté dans sa marche et de voir son projet sur Rouen déjoué, retournant sur ses pas , se rabattit sur Pont-de-l'Arche , dont il brûla les faubourgs. Vernon , défendu par ses deux châteaux , l'un sur une île de la Seine , l'autre du côté de la plaine , vit ses faubourgs également incendiés. Mantes , Meulan subirent le même sort. Les détails que je me permets ici , portent leur excuse , puisqu'ils concernent en grande partie les pays compris dans la délimitation que je me suis tracée.

Je n'entreprendrai pas de suivre les bataillons Anglais jusqu'aux portes de Paris , où ils arrivèrent. Les flammes des maisons qu'ils brûlèrent en avant du pont de Neuilly , qui avait été rompu à leur approche , éclairèrent de leur épouvantable lueur les faubourgs de la capitale. La retraite forcée d'Edouard , par Gisors , où il porta l'incendie, mais dont le château ne put être endommagé , sa marche rétrograde par Beauvais et la Picardie, tous ces récits , même celui de la déplorable bataille de *Créci* , donnée le 26 août 1346 , et malheureusement trop fameuse dans les annales françaises , n'appartiennent point à ma plume (16). Je me tairais sur les désastres de la France , à cette époque , si ceux de la Normandie et du Comté d'Evreux n'en composaient la principale partie.

Quelles circonstances peuvent se rencontrer plus comparables à celles dont naguères nous avons pensé être les tristes victimes ! Quelle occasion plus favorable, de déplorer amèrement les malheurs de la guerre, et d'apprécier le bonheur des siècles et des pays qui n'en sont ni les témoins, ni le théâtre. J'éprouve quelque soulagement à me reposer sur une trêve qui, en 1347, fut conclue entre les deux couronnes, et prorogée à diverses reprises jusqu'au règne du Roi Jean.

Des souvenirs plus calmes encore, me ramènent, en remontant plus haut, et retournant sur mes pas, à la mention de quelques-uns des Evéques qui, pendant ces tems, ont occupé le siége d'Evreux. Plusieurs fois, dans des momens de disette Historique, ils ont alimenté mes récits et entretenu l'intérêt de mes Lecteurs. Aujourd'hui que je suis riche en matériaux, je dois d'autant moins me montrer ingrat envers ces Prélats et en délaisser la série, que la plupart, par leur mérite personnel, ou par leurs grandes relations appartenant à de grandes familles de France, ont appelé cet intérêt De ce nombre, sans en suivre méthodiquement la chronologie, sont deux Evéques de la maison Des Essarts, dont un autre du même nom, avait occupé ce siége, et a déjà fait l'objet d'une de mes narrations anecdotiques ; Jean De Vienne, de famille Normande, que ses talens firent employer en mission particulière dans les Pays-Bas ; Jean Dupray, grand théologien, élevé de l'humble retraite du cloître à la chaire Episcopale ; enfin André de l'Isle-Adam, Docteur en Droit canon, conseiller du Roi Charles-le-Bel, de l'illustre famille de l'Isle-Adam, dont Malthe révère encore le nom.

Mais il est tems de revenir à la Reine Jeanne de Navarre, que j'ai laissé retirée dans la capitale de la France ; elle y demeura pendant les orages, occupée d'œuvres pieuses et de fondations utiles, tantôt dans son château de Conflans, devenu depuis la résidence de campagne des Archevéques de Paris, tantôt à Paris même. Le collége, dit de Navarre, fondé par la Reine Jeanne, femme de Philippe-le Bel, non encore achevé, reçut le complément de ses constructions et de sa dotation des bienfaits de notre Reine.

L'établissement de sa famille était principalement l'objet de sa sollicitude. Philippe de Valois l'honorait de sa particulière bienveillance. Le Comté-Pairie de Beaumont-le-Roger, rentré au Domaine Royal, fut, à sa demande, accordé par le Roi, à Louis de Navarre et d'Evreux, fils puîné de Charles. Le Comté de Longueville fut la dotation de Philippe, le troisième de ses fils. L'aînée de ses quatre filles épousa Jean I.er, Vicomte de Rohan, qui lui fit, en l'épousant, la donation, après lui, de *dix mille livres en argent* et de *quatre mille livres en fonds de terre*. De ce mariage est issue la branche des Princes de Guémené et de Soubise. Marie, autre Princesse d'Evreux, seconde fille de Jeanne, fut la première femme de Pierre IV, Roi d'Arragon, dit le Cérémonieux, grand alchimiste. Le Roi de Navarre, Philippe, avant son décès à Xérès, avait promis en mariage sa troisième fille, Agnès, à Gaston, Comte de Foix et de Béarn, fameux depuis, sous le nom de Gaston-Phébus (17). Ce mariage fut conclu en 1348. Une dernière fille, portant le nom de Blanche, âgée de dix-huit ans, lui restait; et le Roi Philippe de Valois, se proposait de l'unir à Jean, Duc de Normandie, son fils aîné, dont la femme, Bonne de Luxembourg, était décédée. Le Roi était veuf lui-même, et encore en deuil de la Reine Jeanne de Bourgogne. La vue de Blanche d'Evreux changea tout à coup les intentions du Monarque. Cette jeune

Princesse, qui unissait aux rares qualités du cœur et de l'esprit, une beauté tellement remarquable, que les Navarrois l'avaient appelée la *Belle Sagesse*, plut singulièrement au Roi, qui, au lieu de la donner à son fils, résolut de l'élever jusqu'à lui et de la placer sur le trône, en l'épousant. Le mariage eut effectivement lieu le 3 d'août de l'an 1349.

Le 6 octobre de la même année, Jeanne de France, Reine de Navarre, Comtesse d'Evreux, mourut au château de Conflans. Cette Princesse, fille de Louis Hutin et d'une mère dont la conduite déréglée avait amené la fin tragique, fit oublier son origine maternelle par les vertus dont elle fut un modèle toute sa vie. Charles, son fils, déjà Comte d'Evreux, hérita de sa couronne.

Blanche, la dernière de ses filles, que nous venons de voir mariée au Roi de France, eut à peine le tems de se consoler de la douleur que lui causa cette perte. La mort du Roi son mari, de Philippe de Valois, arrivée au mois d'août de l'année suivante 1350, vint la replonger dans un nouveau deuil. Ce Prince, âgé de cinquante-sept ans, exténué moralement et physiquement par les fatigues de la guerre et les malheurs de la France, décrépit avant l'âge, épris hors de saison des

charmes d'une Princesse de dix-huit ans, res-
plendissante d'attraits et de jeunesse, on peut
le dire, hâta lui-même sa mort par une union
aussi mal assortie. « C'était, dit Mézerai,
joindre ensemble l'été avec l'hiver. » Blanche
survécut à Philippe, environ cinquante ans,
qu'elle passa en viduité ; elle mourut sous
le règne de Charles VI, en son château de
Neaufles, son séjour ordinaire, près Gisors.
On devra remarquer que sous le règne du Roi
Jean, fils et successeur de Philippe, et pendant de longues années encore, existèrent
en France deux Reines Douairières ; Blanche, dont nous venons de parler, et Jeanne,
veuve de Charles-le-Bel, morte sous le règne
de Charles V, toutes deux de la maison
d'Evreux.

Charles, connu dans l'histoire sous le nom
de Charles-le-Mauvais, déjà depuis sept ans
était Comte d'Evreux, et depuis un an Roi
de Navarre. Il avait été prendre possession
et se faire couronner dans son Royaume. Il
y exerça d'abord plusieurs actes d'une sévérité peut-être un peu rigoureuse ; on les
jugea indispensables dans un pays où des
exemples étaient devenus nécessaires pour
maintenir les peuples dans le devoir. On
aimait à supposer qu'ils ne partaient pas d'un

penchant vers une cruauté qu'on ne croyait pas naturelle à son caractère. Aussitôt qu'il eut appris la mort de Philippe de Valois, il s'empressa de se rendre auprès du Roi Jean, son successeur. Le Roi de Navarre avait alors dix-huit ans. Déjà les premières saillies d'une jeunesse spirituelle et enjouée, et une manière de dire et de faire qui n'étaient qu'à lui, l'avaient fait remarquer à la cour sur la fin du règne précédent. L'indulgence qu'inspire naturellement un Prince aimable et adolescent faisait excuser ses inconséquences. On traitait de ce nom certains propos inconsidérés qu'il se permettait relativement à ses droits au Comté d'Angoulême. Philippe, Roi de Navarre, son père, avait de son vivant joui de ce Comté; et à sa mort, Philippe de Valois l'avait réuni à la couronne de France. Le Roi Jean, peu après son avénement, en avait gratifié le nouveau Connétable Charles d'Espagne de Lacerda, son favori et son parent, issu par les femmes du sang de S.t-Louis. Charles, Roi de Navarre, fit entendre, un peu plus haut, quoique vaguement, ses plaintes à ce sujet. Il y joignit bientôt le rappel de ses prétentions aux Comtés de Champagne et de Brie, et finit par adresser ses réclamations directement au Roi Jean. Ce Prince n'y fit pas une sérieuse attention. Disposé à l'affection pour le jeune Roi de Navarre , dont il goûtait l'esprit et la vivacité, désirant se l'attacher , il résolut de lui donner la main de sa fille.

Ce mariage entrait fort dans les vues de Charles qui , avec les apparences de la reconnaissance, acceptant cette faveur, épousa en 1351, Jeanne de France , fille du Roi Jean. Le Monarque, en vertu de cette union, gratifia le Roi, son gendre, des Comtés de Mantes et de Meulan , qui , contigus avec le Comté d'Evreux , se trouvaient à sa parfaite convenance. On aurait pu supposer le Navarrois pleinement satisfait , mais un an fut à peine écoulé qu'il fit entendre de nouvelles plaintes ; il adressa au Roi de nouvelles réclamations que ce Monarque jugea à propos de communiquer au Connétable. Celui-ci se permit de les qualifier indiscrètes , et dissuada entièrement le Roi de les écouter. Ne considérant que la jeunesse du Roi de Navarre , oubliant certains égards dus à son rang , il ignorait à quel caractère haineux et perfide il se livrait en butte ; il s'en fit un ennemi implacable.

Bientôt Charles d'Evreux, quittant la cour, retiré en Normandie, y médite des projets de geance et se dispose à les exécuter. Il apprend le passage du Connétable par Laigle, et son séjour momentané en cette ville ; il part d'Evreux, prend avec lui son frère Philippe, Comte de Longueville, Geoffroy de Harcourt et plusieurs autres Seigneurs mécontens qu'il avait su rallier à son parti, et se rend à Verneuil. Un gros d'hommes d'armes déterminés y reçoit ses instructions ; ils marchent vers Laigle. L'hôtellerie où se trouvait Lacerda est investie, escaladée ; le malheureux Connétable est poignardé dans son lit, le 8 janvier 1353. Pendant cette exécution le Roi de Navarre, bien entouré, avait quitté Verneuil, et s'étant avancé vers Laigle, attendait dans une grange voisine de cette ville le résultat de ses ordres. Le crime était consommé ; il en reçut l'avis et retourna sans délai à Evreux.

Le Roi Jean fut indigné en apprenant cette audacieuse exécution. Charles l'avait prévu ; puissant en Normandie, il y avait fortifié ses villes, ses châteaux, et y avait placé de bonnes garnisons. Déjà il s'était établi en correspondance secrète avec le Roi d'Angleterre. D'un autre côté, des lettres adroites et fallacieuses, adressées par lui aux principaux Seigneurs du Royaume, avaient motivé

la

la justification de son attentat, qu'il présentait sous les couleurs de la résistance à l'oppression. Le Roi de Navarre préparait ainsi les semences d'une guerre civile en même tems que la rupture de la trève et le renouvellement des hostilités avec les ennemis de la France.

Jean ne tarda pas à appercevoir quel ennemi il aurait à combattre en se livrant à son ressentiment; il prit le parti de dissimuler. Une négociation fut entamée avec le Roi de Navarre, qui, fort de la position dans laquelle il sentait qu'était placé le Roi de France, demanda le redressement de divers griefs dont il prétendait avoir à se plaindre ; la cession en sa faveur des terres et Seigneuries de Breteuil, Orbec, Conches, la Vicomté de Pont-Audemer, plusieurs autres dédommagemens territoriaux et pécuniaires , enfin l'amnistie du Prince Philippe, son frère, de Geoffroy de Harcourt et des autres Seigneurs attachés à son parti. Le Roi Jean accéda aux principales de ses demandes (18), se réservant néanmoins Conches et son château , dans l'intention où il était de conserver un point de défense assez rapproché d'Evreux , pour servir de poste d'opposition dans l'occasion. Il établit en outre, comme condition spéciale, que le Roi, son, gendre, se rendrait à Paris, pour là, en pleine cour des Pairs, convoquée *ad hoc*, le Roi y étant, faire l'aveu de son crime, présenter ses excuses et demander son pardon. Tout fut convenu de la sorte par le Navarrois, qui exigea seulement avant son départ pour la capitale, l'envoi à Evreux du Comte d'Anjou, second fils du Roi Jean, comme ôtage, ce qui lui fut accordé.

Charles ayant ainsi pris ses sûretés, se rendit à Paris, accompagné d'une escorte respectable de troupes à lui. Les choses s'y passèrent conformément aux conventions ; mais un vain cérémonial de forme y remplaça la réalité : l'aveu du crime d'un grand Vassal envers son Suzerain, d'un gendre envers son beau-père, fut prononcé publiquement le 4 de mars 1353, par le Roi de Navarre, alléguant toutefois qu'il ne l'avait pas commis sans causes bien connues. Il fut mis un moment aux arrêts, où l'on feignit de le retenir dans une salle prochaine ; les Reines douairières, Jeanne d'Evreux, veuve de Charles-le-Bel, tante du coupable, et Blanche d'Evreux, veuve de Philippe de Valois, sa sœur, apostées, pour ainsi dire, exprès pour jouer leur rôle dans cette espèce de représentation théâtrale , se précipitèrent aux genoux du Roi de France et sollicitèrent une grâce déjà convenue et accordée d'avance. Le Roi de Navarre fut ramené dans la salle du trône, et plus dans une attitude scénique que dans celle d'un vrai coupable , y entendit son pardon , motivé et prononcé à haute voix par le Chancelier , parlant au nom du Roi de France. Cette cérémonie de pure ostentation , qui pour tout autre eut été un sacrifice pénible d'amour-propre , en fut à peine un pour un Prince du caractère de Charles-le-Mauvais , qui d'ailleurs se trouvait nanti de compensations réelles ; le Roi Jean et sa cour y trouvèrent une réparation , autant qu'ils voulurent bien y croire , et les oisifs de la capitale y virent un spectacle d'apparat dont les gens sensés ne furent pas la dupe.

On jugera aisément d'après ces détails , que les relations entre le beau-père et le gendre ne présentèrent pas un caractère de confiance réciproque qui leur permit de les prolonger long-tems avec intérêt ; le Roi de Navarre retourna à Evreux, dans la huitaine. Paraissant alors avoir renoncé à toute intrigue, il s'occupa ostensiblement d'objets qui avaient entièrement rapport à l'administration de son Comté. La Reine de Navarre

H 2

obtint du Roi, son père, à cette époque, la confirmation des anciennes ordonnances, qui accordaient que le Verdier d'Evreux délivrerait des bois de construction autant qu'il serait nécessaire pour les réparations des Eglises d'Evreux, des maisons de l'Evêque, des Chanoines, et pour l'entretien de tous les établissemens publics. Ce fait semblerait offrir la preuve que le domaine de la couronne de France, indépendamment des cessions faites au Roi de Navarre, était néanmoins resté en possession d'une assez forte portion de la forêt d'Evreux.

Pendant ce tems-là, Charles enrichissait l'hôpital d'Evreux par de nouvelles fondations ; il s'occupait de l'accroissement des bâtimens de la Cathédrale, et de l'embellissement de ses chapelles ; il ramenait l'harmonie quelquefois troublée entre l'Evêque Robert de Brucourt, qui siégeait alors, et les Chanoines ; il fondait des messes, établissait des confréries ; il en institua une entr'autres, dite la confrérie de S.t-Pierre et S.t-Paul, dont la solennité était fixée au jour de la fête de ces deux patrons : elle se célébrait avec pompe et magnificence ; le Roi, la Reine, leur famille, plusieurs Seigneurs de marque et Ecclésiastiques en dignité, étaient membres de cette association.

Le Roi, ce jour-là, partant de son château de Navarre, avec la Reine, son épouse, porté sur le canal en nacelle élégamment ornée, voguait jusqu'à Evreux, selon l'habitude ordinaire qu'il avait de s'y rendre ainsi ; il abordait au château, où une députation du Chapitre venait le chercher ; le branle simultané des cloches annonçait son entrée à la Cathédrale ; il y assistait aux offices, revêtu d'un surplis et d'une chape richement travaillée, ayant une couronne de fleurs sur la tête, et en sa main un bâton également entouré de fleurs et terminé dans le haut par les images des S.ts Apôtres ; il portait ce bâton comme Roi ou chef de la confrérie (19). La fête religieuse se terminait à la satisfaction du clergé, en relation immédiate avec son Prince, et de la bourgeoisie, pour laquelle ce jour offrait des réjouissances dont tout le monde prenait sa part. Le Clergé, les habitans d'Evreux, voyaient avec complaisance le Roi de Navarre, leur Souverain, se livrer à des occupations tantôt utiles au soulagement de l'humanité souffrante, tantôt intéressantes sous le rapport du respect dû à la Religion et à ses cérémonies.

C'était avec un étonnement mêlé d'une sorte d'inquiétude, qu'à la cour du Roi de France on avait connaissance de cette nouvelle façon de vivre du Roi de Navarre ; elle était tellement contre nature pour Charles-le-Mauvais, qu'on avait peine à y croire. Ces appréhensions n'étaient pas dénuées de fondement ; Charles, sans préjudice de ce calme simulé, n'entretenait pas moins une correspondance très-active avec le Roi d'Angleterre Edouard. Malgré la trève qui venait d'être renouvelée entre les deux couronnes rivales, les menées sourdes du Navarrois n'attisaient pas moins le feu entre les deux puissances ; ses relations avec le Prince de Galles, dont on savait l'arrivée prochaine en Guienne ; son départ secret, mais bientôt connu pour le midi, les avis qui parvenaient sur les mouvemens qui avaient lieu dans ces contrées, décidèrent enfin le Roi de France à cesser toute dissimulation. Il partit pour la Normandie, vers le mois de novembre 1354, et vint à Caen, d'où il donna ses ordres pour la saisie et prise de possession de toutes les terres et villes appartenant au Roi de Navarre. Plusieurs de ces dernières reçurent la loi, et le Roi Jean y établit des gouverneurs, ainsi que dans les châteaux et forteresses dont il s'empara ; mais Evreux , Pont-Audemer , Cherbourg , refusèrent de se soümettre. Les Commandans déclarèrent à ceux que le Roi y envoya , qu'ils étaient décidés à ne rendre ces places qu'au Roi de Navarre , leur Seigneur et Souverain, qui les leur avait données en garde.

Charles-le-Mauvais , qui depuis son départ d'Evreux , après divers voyages sans motif apparent , était allé faire un séjour de quelques mois en Navarre , y apprit les mesures rigoureuses prises contre lui. Il se rendit par mer sur les côtes de Normandie , et au mois d'août 1355 débarqua à Cherbourg avec dix mille hommes. Ces forces y tinrent celles du Roi de France en respect : de fréquentes rencontres avaient lieu entre les détachemens des deux armées qui parcouraient les campagnes. Les troupes du Roi Jean opposaient souvent une inutile résistance aux troupes Navarroises , secondées dans nos contrées, par les garnisons d'Evreux et Pont-Audemer. La ville et le château de Conches tenaient toujours pour la cause du Monarque Français qui en sentait l'importance ; mais ce point isolé, livré à ses seuls moyens , sans secours , harcelé sans cesse , ne put tenir long-tems. Ces places furent enlevées par surprise. Un corps de Navarrois, après s'en être emparé, les renforça d'hommes, de vivres et de munitions.

Cependant la trève avec l'Angleterre venait d'expirer ; Edouard, maître de Calais, menaçait d'une invasion prochaine en Picardie, pendant que d'autre part le Prince de Galles débarquait en Gascogne. Dans ces circonstances critiques, le Roi de France vit la nécessité de s'accommoder avec Charles : un traité fut passé à Valognes ; Jean y fit de grands sacrifices pécuniaires. La bonne intelligence entre les Rois de France et de Navarre parut être rétablie ; le Dauphin, fils aîné du Monarque, fut envoyé par le Roi, son père, vers Charles, qui vint au-devant de lui jusqu'à Verneuil, où les deux Princes se rencontrèrent ; ils y eurent une entrevue, semblèrent s'y bien entendre réciproquement, et partirent ensemble pour Paris, où le Roi de Navarre, descendu au château du Louvre, vint faire au Roi des excuses et soumissions qui parurent tout concilier ; mais quelle réconciliation que celle à la suite de laquelle le traître Navarrois faisait toujours marcher la perfidie ! Il était à peine de retour à Evreux, que déjà dans le calme, il ourdissait ses trames ; et, méditant de nouvelles trahisons, jettait les bases d'un plan qui ne tendait à rien moins qu'à bouleverser le gouvernement.

Charles, Roi de Navarre, était doué d'une élocution facile et de l'art de persuader ; ces dons précieux de la nature étaient entre ses mains l'arme la plus dangereuse contre ceux qu'il entreprenait de séduire. A son instigation, plusieurs membres de la maison de Harcourt avaient imité l'exemple de Geoffroy, souvent pardonné et toujours mécontent. Jean, Comte de Harcourt, son neveu, dont le père avait dû la création de Harcourt, en Comté, à sa belle conduite, comme Gouverneur de Rouen, sous le règne précédent, avait arboré le parti du Roi de Navarre. Lors de la dernière assemblée des états du Royaume, convoqués à Ruel, par le Roi Jean, qui y avait obtenu des aides et subsides, le Comte Jean de Harcourt y avait tenu le langage d'un factieux ; il s'était montré opiniâtrement opposant aux demandes du Monarque, qui en conservait un profond ressentiment. Le Navarrois comptait Jean de Harcourt au nombre de ses affidés. Charles, Dauphin de France, ne fut pas lui-même à l'abri de ses artificieuses insinuations ; la conduite remarquable de ce jeune Prince, son aptitude aux affaires, son dévouement au Roi, son père, étaient les titres que Charles-le-Mauvais faisait valoir aux yeux du Dauphin pour lui prouver l'injustice et le peu de confiance du Roi à son égard. A son âge, il restait sans autorité, sans aucun gouvernement, et dans une dépendance absolue. Tel était le langage astucieux du Roi de Navarre, qui lui promettait, pour peu qu'il eut le désir de voir réparer les torts qu'on avait envers lui, de lui fournir des moyens faciles pour y parvenir.

Le jeune Dauphin écoutait avec complaisance ces discours; un moment abusé, il fut prêt à devenir coupable; mais son bon naturel et les qualités qui lui méritèrent par la suite le surnom de Sage, l'arrêtèrent aux portes de la séduction. Le Roi, averti du danger, survint à propos pour en préserver son fils. Une démarche toute paternelle du Roi, qui en même-tems qu'il parlait au Dauphin, lui remettait les lettres de nouvelle création du Duché de Normandie, récemment et à son insu érigé en sa faveur, lui ouvrit les yeux; rappelé à ses devoirs et à la vertu, base de son caractère, il rougit de son erreur et ne vit plus dans le Roi de Navarre, qu'un vil séducteur, un ennemi acharné de l'état et de sa famille , indigne du sang dont il était issu. D'accord avec le Monarque, son père, il prépara les moyens de mettre désormais le Navarrois dans l'impossibilité de leur nuire. C'était par ses propres armes, par la ruse qu'il fallait attaquer un ennemi aussi perfide. Le Dauphin avait rendu à son père foi et hommage pour le Duché de Normandie , et avait célébré son installation par des fêtes. Faisant dès lors quelque séjour à Rouen , établi dans le palais Ducal, il y tenait un état convenable à son rang , et y recevait avec somptuosité les principaux Seigneurs de la province. Le Roi de Navarre venait souvent d'Évreux l'y visiter, conservant l'espoir d'influencer l'inexpérience du jeune Prince et de l'attirer dans la complicité d'un projet où il se proposait de lui faire jouer un rôle important. Celui-ci, instruit par ce qui s'était déjà passé et par ses réflexions, dissimulait , feignant de se prêter aux vues du Navarrois ; affectant la plus grande cordialité dans ses relations avec lui, il préparait un coup hardi qui s'exécuta au mois d'avril 1356.

Le cinquième jour de ce mois , le mardi d'après la mi-carême, il avait invité à dîner au château de Rouen , le Roi de Navarre , le

Comte Jean de Harcourt, Louis et Guil'aume de Harcourt, ses frères, les Seigneurs de Préaux, de Marbeuf, de Graville, de Tournelu et quelques autres affidés ou créatures du Navarrois. Le Roi Jean, étant informé par le Dauphin, son fils, du jour et du lieu du rendez-vous, quitta incognito la capitale, prit sa route par Gisors, et vint stationner à Mainneville, village à quelque distance de cette ville et peu éloigné de Rouen. Il était accompagné du duc d'Anjou, son fils, du duc d'Orléans, son frère, de plusieurs Seigneurs, sur la fidélité desquels il pouvait compter, et seulement de cent lances. Prévenu à propos de l'instant propice, il arrive à Rouen ; sans entrer dans la ville, monte au château par une porte de derrière donnant sur la campagne, et qui avait été laissée ouverte à dessein ; l'escorte se présente subitement à la porte de la salle où le Roi de Navarre et les siens étaient à dîner avec le Dauphin, qui déjà voyait avec inquiétude s'écouler les momens ; tous à la fois sont arrêtés. La délibération sur le sort des conspirateurs, ne fut pas de longue durée ; conduits sur un charriot dans un champ voisin du château, quatre des principaux, en commençant par le Comte Jean de Harcourt et le

Seigneur de Graville, furent décapités ; leurs têtes furent exposées et leurs corps pendus sous les aisselles à un gibet ; quant au Roi de Navarre, il fut envoyé provisoirement avec deux gentilshommes de sa suite, en prison, au château Gaillard ; il fut conduit delà au Châtelet de Paris. Les autres furent mis en liberté, comme n'ayant que peu ou point pris de part à la conspiration déjouée.

La tranquillité du Royaume, du côté de la Normandie, eût été assurée par cet acte d'autorité absolue, que le salut de l'état peut seul justifier, si le coup qui venait d'être frappé avait pu atteindre Philippe d'Evreux, frère du Roi de Navarre, et Geoffroy de Harcourt, toujours opiniâtre dans sa rébellion. Tous deux étaient à Evreux, lorsqu'ils reçurent l'avis de cette effrayante exécution ; leur sûreté personnelle ne permettait point de délais ; ils partirent incontinent pour le Cotentin et coururent aux armes ; ils rassemblèrent des troupes, envoyèrent des émissaires et mirent en état de défense toutes les places qui dépendaient des domaines du Roi de Navarre. Toutes ces mesures, dictées par la vengeance et dirigées par leur activité, furent exécutées en très-peu de jours ; mais leur départ précipité ne leur avait pas permis de prendre les précautions suffisantes pour Evreux ; et déjà cette capitale du Comté, où le Roi Jean avait espéré les surprendre, se trouvait attaquée par les troupes françaises. L'officier qui y commandait, se voyant dans l'impossibilité de résister, prit le parti de se retirer au château ; mais voulant anéantir derrière lui toute ressource pour l'ennemi, sans autres calculs, il mit le feu à la ville. L'entrée du Roi Jean, dans Evreux, fut éclairée par des flammes ; on eut beaucoup de peine à en arrêter les progrès, comme aussi à faire cesser le désordre qui accompagne ordinairement l'incendie. Le Roi, dans cette intention, nomma pour gouverneur, un homme d'un caractère impassible, réservé, étranger aux passions, qualités précieuses dans un moment où deux partis puissans sont en rivalité ; cet homme était Oudart, Seigneur de Montigny, déjà grand Bailli de la ville ; et c'est la première fois qu'il est question de cette haute place municipale dans la ville d'Evreux. Peu de tems après, le Roi Jean institua ce même Oudart, gouverneur Châtelain du château, qui dépourvu de moyens de résistance, n'avait pas tardé à être évacué : les troupes, qui l'occupaient pour le Roi de Navarre, abandonnant la place la nuit et sans bruit, s'étaient rēployées sur Pont-Audemer ; une poursuite tardive n'avait pu empêcher leur entrée en cette dernière ville , qui avec ce renfort , entourée de murailles en bon état et de bons fossés , tint ferme pour le Navarrois. L'attitude imposante de Pont-Audemer nécessita les préparatifs d'un siége qui fut fait dans toutes les formes.

Pendant ce tems , Philippe d'Evreux et Harcourt avaient fait connaître au Roi d'Angleterre l'état des affaires et leur disposition à lui faire ouvrir les portes des principales forteresses de la Normandie , s'il voulait s'y présenter avec des forces suffisantes. Malgré tout ce que ces offres pouvaient avoir de séduisant pour le Monarque Anglais , il ne put y répondre comme il l'aurait désiré, étant alors occupé à la guerre d'Ecosse. Par ses ordres, néanmoins, le Duc de Lancastre débarqua avec des troupes qui , jointes à celles de Philippe et de Geoffroy , pouvaient former environ quatre mille hommes ; ils se dirigèrent par Lisieux et Orbec, vers le Pont-Audemer. Depuis plus de six semaines , Robert de Houdetot, Maître des Arbalestriers de France , avait été chargé de ce siége qui n'avançait point : les assiégés , fidèles au Roi de Navarre , y faisaient une belle défense ;

les védettes des forces Anglaises et Navarroises annoncèrent à Houdetot la nécessité
de lâcher prise, ce qu'il fit à la hâte, « lais-
» sant, dit Froissard, ses engins et son
» artillerie, que ceux du Châtel prinrent
» tout (20). L'armée combinée, après avoir
rafraîchi la place de vivres et de munitions,
descendit vers Breteuil, qu'elle ravitailla
également ; ce fut là qu'ils apprirent le
désastre d'Evreux et l'arrivée prochaine du
Roi Jean, avec un corps d'armée et surtout
une cavalerie en état de leur en imposer.
Ils se reployèrent sur Verneuil ; cette ville
et son château tombèrent en leur pouvoir ;
la ville fut pillée et en partie livrée aux
flammes.

Cependant le Roi Jean, en personne,
passant par Condé et Tillières (21), marchait à leur poursuite ; de leur côté, ils hâ-
taient leur retraite. Déjà le Roi avait dépassé
les murs embrâsés de Verneuil, et était parvenu à Thubeuf, village et château à deux
lieues de Laigle ; des avis prudens l'arrêtèrent et l'empêchèrent d'aller plus avant. Les
forêts dont ces contrées sont couvertes, fa-
vorisaient la fuite précipitée des ennemis, et
pouvaient mettre le Roi dans la nécessité
de disséminer ses forces comme dans l'impossibilité

possibilité de les atteindre ; il revint sur ses pas , s'empara du fort de Tillières , y mit garnison et vint mettre le siége devant Breteuil. On n'avait épargné ni soins ni dépense pour mettre cette petite ville dans un état respectable. Elle opposa à l'armée française une résistance inattendue : elle tint pendant près de deux mois , mais enfin fut forcée de céder ; la garnison du château capitula et eut la liberté de se retirer. Pont-Audemer se soumit aussi peu de tems après.

Sur ces entrefaites, le Roi Jean apprit que le Prince de Galles , avec une armée anglaise , avait pénétré jusqu'au cœur de la France et menaçait le Berry. Ici, la guerre cesse d'être isolément une guerre en Normandie , elle embrasse un plus vaste théâtre et intéresse toute la France. Il ne m'appartient pas de décrire ici la marche du Roi Jean à la tête d'une armée formidable , allant à la rencontre du Prince noir , qui vainement demandait à traiter. La défaite imprévue du Roi , victime de sa téméraire confiance près Poitiers , le 19 septembre 1356 , son inutile bravoure et sa captivité , furent pour la France , pendant plusieurs années , une source intarissable de malheurs.

Charles , Dauphin , à son retour à Paris , y

prit le titre de Lieutenant-Général du Royaume. Il était dans sa dix-neuvième année ;
l'immense responsabilité qui pesait sur sa
tête et un désir ardent du bien , lui inspirè-
rent l'idée de convoquer les états généraux ,
dans l'espoir d'y trouver un point d'appui et
des conseils ; mais, dit Mézerai ,. « les peu-
» ples maltraités dans la prospérité , croient
» que c'est le tems de rabaisser la domination
» quand elle a reçu quelqu'échec ». Le Dauphin n'y trouva que des plaintes et de l'ai-
greur.

Charles-le-Mauvais , qui, de sa prison du
Châtelet, avait été transféré au château d'Arleux (22), en Cambresis , malgré la sévérité
de sa détention , n'en était pas moins informé
des grands événemens et des mouvemens qui
en avaient été la suite ; ses amis lui restaient
toujours dévoués. Il comptait dans l'assemblée des états de chauds et nombreux partisans , qui ne perdaient de vue aucuns moyens
de le rendre à la liberté et de le ramener
dans leur centre , dont il était l'âme. Robert
Le Coq , Evêque de Laon , Jean de Péquigny ,
Gouverneur d'Artois , et Etienne Marcel ,
Prévôt des marchands de Paris , étaient les
plus prononcés en sa faveur. La délivrance
du Roi de Navarre de sa prison fut une des

principales demandes que les états adressè-
rent au Dauphin. Ce Prince répondit que le
Roi de Navarre était detenu en prison par
ordre du Roi de France, son père, et qu'il
ne lui appartenait point de le délivrer sans
sa permission expresse.

Les choses se passaient ainsi à Paris, pendant que Geoffroy de Harcourt, toujours en
guerre contre son Roi et sa patrie, se main-
tenait dans le Cotentin ; il y trouva néanmoins le terme de sa vie turbulente. S'étant
compromis témérairement dans une escar-
mouche à la fin de cette même année, il
aima mieux se défendre jusqu'à la mort que
de se rendre, et succomba percé de coups
de lance. Cette mort, qui fut une perte pour
son parti, délivra la France d'un rebelle,
mais non des maux, suite déplorable de sa
révolte.

Depuis que le Roi Jean, poussé par l'étoile
malheureuse qui l'avait conduit à Poitiers,
avait quitté nos contrées de Normandie, le
parti du Roi de Navarre s'y soutenait avec
plus de vigueur que jamais, et principalement dans toute l'étendue du Comté d'E-
vreux. La ville d'Evreux, encore fumante de
son dernier incendie, venait de rentrer au
pouvoir du Roi de Navarre, à la faveur d'un

stratagème qui, conduit avec patience et adresse, avait réussi à Guillaume de Graville, fils du Seigneur de Graville, décapité à Rouen, par l'ordre expéditif et presque sous les yeux du Roi Jean.

Navarrois par vengeance autant que par affection, Graville préparait, de longue main, les moyens d'enlever Evreux et son château d'entre les mains d'Oudart de Montigny, que le Roi de France, comme nous l'avons vu ci-dessus, y avait établi Gouverneur et châtelain. Oudart, homme froid et flegmatique, transmettait dans la ville ses ordres, du château où il faisait sa résidence, et dont il ne passait jamais le guichet extérieur. Là seulement, il venait s'asseoir journellement, prendre l'air, et par fois jouer une partie d'échecs avec un officier de la garnison. Jamais étranger, sans motif avéré, ne franchissait le seuil de la forteresse. Il fallait pourtant trouver le moyen, ou d'y pénétrer, ou d'attirer au-dehors cet homme peu communicatif. C'était avec l'intention d'y parvenir, que Guillaume de Graville, depuis un certain tems, dans l'attitude d'un oisif valétudinaire, suivi constamment d'un valet portant son manteau, se rendait sur l'esplanade, comme pour y passer le tems et se promener au soleil.

Insensiblement, le châtelain s'était accoutumé à la vue journalière du promeneur ; il se
permettait même de tems à autre avec lui
quelques lieux communs de conversation.
Graville, persistant dans son projet, adroit
dans l'exécution, s'était, depuis un certain
tems, assuré d'un bon nombre de bourgeois
choisis, dévoués au Roi de Navarre, bien
armés, et en état de le seconder au besoin.
Un son de trompe ou cornet, dont Oudart
avait défendu le bruit, sous peine de perdre
le poing, était un signal convenu entre Graville et les bourgeois. Le moment était arrivé
d'exécuter son projet ; les circonstances,
l'importance des événemens, offraient une
occasion comme une matière favorable à
quelques mots d'entretien entre le châtelain
et le promeneur. Ecoutons Froissard : de tems
à autre, dans ce récit, je le laisserai parler
son langage naïf et naturel.

« Messire Guillaume, voyant le châtelain
» au guichet, s'approcha de lui petit à petit,
» en le saluant moult honorablement. Celui-
» ci se tint coi en lui rendant son salut. Tant
» fit Messire Guillaume qu'il vint jusques à
» lui, puis commença à parler d'aucunes
» oisivetés, lui demandant s'il avait point ouï
» les nouvelles qui couraient. Aucunes, dit

» le châtelain , moult désirant savoir ; mais,
» s'il vous plaît, apprenez-les nous ».

Là dessus , Graville entame un narré de nouvelles toutes plus extraordinaires les unes que les autres , et avec des réticences qui annonçaient l'homme au courant, mais réservé. D'où savez-vous donc tout cela ? dit Montigny. Je le tiens , répond Guillaume, d'un de mes amis très-bien informé, qui en m'écrivant, m'a en même tems envoyé « le » plus beau jeu d'échecs qu'on vit onc. Or » trouva-t-il cette bourde , pourtant qu'il sa- » vait que le châtelain aimait moult le jeu » d'échecs ».

Nouveau motif de curiosité pour Montigny. Graville propose d'envoyer chercher ce jeu pour le lui faire voir et en faire une partie. L'offre est sur-le-champ acceptée ; l'ordre est donné tout bas par Guillaume à son fidèle valet ; et cet ordre est d'amener, en toute célérité , les principaux affidés , déjà préve- nus le matin , et rassemblés secrètement en armes dans une maison voisine du château. Guillaume, pendant ce tems , recommença ses narrations , et les fait lourdement, dans la vue de gagner du tems. Un instant avait suffi au valet bien endoctriné , pour faire approcher la troupe déterminée. Le chef fait

entendre un bruit de trompe, signal convenu
de son approche. Ce bruit à peine distingué
par Oudart, est avidement recueilli par Graville, qui, d'une manière indifférente, fit
offre au châtelain de passer en dedans tous
les deux pour causer et jouer après plus à
loisir. Oudart, plein de confiance, y consentit. Graville était entré le premier; le châtelain, qui le suivait, mettait à son tour le pied
en avant, et baissait la tête pour passer sous
le guichet. Graville, au même moment, dé-
veloppant une large houpelande qui le cou-
vrait, saisit une courte hache pendue et
cachée sous son bras, et en assena un coup
sur la tête du châtelain, « tellement, qu'il le
» pourfendit jusques aux dents, et l'abattit
» mort à ses pieds ». Debout sur le seuil, la
hache à la main, il appèle aussitôt à grands
cris les siens, qui accourent de toutes parts.
Déjà les portes restées seulement poussées,
sont entièrement ouvertes et occupées par les
bourgeois. La garnison, surprise, vainement
avait couru aux armes, efforts tardifs ; re-
poussés, poursuivis, les soldats français ne
trouvèrent de salut que dans la fuite et l'évasion ; et les Navarrois maîtres du château, le
furent entièrement de la ville. Philippe d'E-
vreux n'eut pas plutôt appris cette rentrée en

possession pour le Roi de Navarre, son frère, de la ville capitale du Comté, qu'il y revint en grande hâte avec toutes les forces dont il pouvait disposer, et donna les ordres néces- pour y rétablir le point central de la défense de tout le pays.

Cependant, le refus motivé qu'avait fait Charles, Dauphin, de rendre la liberté au Roi de Navarre, sur la demande que lui en avaient adressée les Etats généraux du Royau- me, n'avait nullement satisfait les séditieux, dont l'influence dominait les Etats. Ils prirent la résolution de se faire justice eux-mêmes, et de rompre les liens qui retenaient Charles-le-Mauvais dans sa prison. Vers le mois de Novembre 1357, un faux ordre de mise en liberté, revêtu d'une fausse signature du Dauphin, est fabriqué. Péquigny, lui-même, doit en être le porteur, et le remettre entre les mains de Tristan Dubois, Gouverneur incorruptible du château d'Arleux, dont le lieutenant avait le titre de châtelain. Péqui- gny avait guetté et saisi quelques heures d'absence passagère de Tristan, pour faire usage de l'ordre auprès du châtelain, moins difficile à persuader. Philippe d'Evreux, de son côté, à la tête d'un petit nombre de braves et d'un groupe de soldats d'élite, avait

épié les mêmes momens favorables. Les uns
se glissent, à la brune, sous les murs avec
des échelles, les autres se présentent aux
portes, déguisés en charbonniers. Les deux
stratagèmes tendant au même but, sans se
nuire, marchent en même tems et obtiennent
un égal succès. Le Roi de Navarre est rendu
à la liberté. Les Seigneurs déguisés et leurs
soldats se trouvant en force, forment son
escorte, et le conduisent à Amiens, en une
maison amie, où il trouve asile et sûreté.

Ce ne fut pas sans un extrême déplaisir,
que le Dauphin apprit la nouvelle de la sortie
du Roi de Navarre de la forteresse où il était
détenu. Il sentit néanmoins la nécessité de
couvrir par un assentiment au moins apparent, cette violation manifeste de son autorité.
L'intercession des deux Reines Douairières,
que le Navarrois avait trouvé moyen de faire
agir en sa faveur, vint seconder Charles le
Dauphin, dans ses vues. Toutes deux s'em-
ployèrent, promirent l'amendement le plus
constant dans la conduite future de Charles
d'Evreux. Elles ne calculaient pas à quoi elles
s'engageaient. Sur leur demande concertée,
le Dauphin accorda au Roi de Navarre un
sauf-conduit pour lui et ses adhérens, à l'effet

de se rendre à Paris , avec amnistie totale du passé.

Sa prochaine arrivée dans la capitale avait déja été annoncée avec emphase par ses amis , et le jour de son retour, fin de novembre , veille de S.t-André , fut pour lui une espèce de triomphe. Un nombre considérable de Parisiens, ayant le Prévôt des marchands , Marcel à leur tête , se porta au-devant de lui, et l'accompagna jusqu'à l'Hôtel d'Evreux, situé, comme l'on sait , près de l'abbaye S.t-Germain , et voisin de la place des combats en champ clos. Une estrade était toujours dressée en ce lieu , d'où les Monarques Français étaient ordinairement spectateurs et juges. Le Navarrois saisit le moment favorable , se montre sur l'estrade ; et , faisant usage à propos de cette éloquence de circonstances, qui lui était naturelle , prenant pour texte un verset de l'Ecriture-Sainte , suivant la mode bizarre du genre oratoire de ce tems-là , il y improvisa une harangue toute populaire , parle de l'injustice et de la rigueur de sa détention ; touche quelques mots de ses droits à d'énormes indemnités , et par-dessus tout, fait valoir son zèle et son attachement pour la ville et le peuple de Paris, que , dans toute occasion , au péril même de sa vie , il serait

toujours prêt à défendre. Il est aisé de con-
cevoir l'effet que produisit ce discours, à la
suite duquel le Roi de Navarre alla faire sa
visite au Dauphin. Celui-ci revint le visiter
le lendemain ; et les deux Princes se virent
après, plusieurs fois, avec les apparences de
la plus parfaite réconciliation.

Le Dauphin, pressé par la fermentation
qui en ce moment était générale, par les
troubles qui agitaient la capitale, où les chefs
des factieux venaient lui faire la loi jusque
dans le Louvre, forcé de se contraindre,
accéda à toutes les demandes que ne tarda
pas à lui faire le Navarrois. Il consentit à lui
accorder des sommes considérables d'indemnités, et ordonna sa réintégration dans tous
ses biens en Normandie.

Le Roi de Navarre ne tarda pas à se rendre
dans cette Province ; et d'abord à Rouen où,
quoiqu'il n'eut aucuns droits à exercer, il
fit de son autorité, restituer à la sépulture,
les corps de ses partisans, que le Roi Jean
avait fait mettre à mort, et restés exposés
depuis l'exécution. Il leur fit faire un service
solennel, et fit prononcer la réhabilitation
de leur mémoire. Puis, se rendant dans son
Comté d'Evreux, et à Evreux même, il fit
partir de là ses ordres pour toutes les places

dépendantes de ses domaines. Les unes étaient restées ou rentrées sous sa domination , dont Philippe d'Evreux , son frère , avait été le régulateur ; les autres tenaient pour le Roi de France. Les Gouverneurs de ces dernières , regardant l'accord fait entre le Dauphin et le Roi de Navarre , comme extorqué au Lieu-tenant-général , refusèrent d'y obtempérer.

Pendant ce tems , les désordres allaient croissant de toutes parts , et dans Paris spé-cialement , où le Prevôt Marcel , après avoir arboré et fait prendre au peuple abusé un chaperon de deux couleurs , en signe de ralliement , se porta , avec la multitude sé-ditieuse , dans le palais même occupé par le Dauphin. La conduite insolente de ce Prevôt , les actes de prétendue justice populaire , dont il fut assez audacieux pour ordonner l'exécution sanglante jusque sous les yeux du Lieutenant-général du Royaume , héritier présomptif de la couronne , sont consignés dans notre histoire de France. Ils détermi-nèrent ce Prince à prendre enfin un titre qui l'investit d'une véritable autorité. Il se fit déclarer Régent du Royaume par le Parle-ment ; puis, quittant la capitale , séjour des factieux , gagna Senlis et Compiègne. Des corps nombreux , amenés par des chefs fidèles, et gémissant de l'oppression sous le joug de laquelle il était retenu, vinrent se réunir à lui. Les Parisiens furent déconcertés de cette retraite. Le Roi de Navarre, de son côté, jugeant bien, d'après le refus que lui faisaient les Gouverneurs des places de Breteuil, Pont-Audemer et plusieurs autres, de reconnaître son autorité, qu'il y avait collusion entre le Régent et ses Gouverneurs, quitta Evreux et se rendit à Paris. Il y fut sur-le-champ nommé Capitaine-général.

Je dois éviter ici de me laisser entraîner dans les détails des scènes de toute nature qui eurent lieu à Paris pendant les années 1358 et 1359; quoique le Roi de Navarre, Comte d'Evreux, en fut le principal mobile, ces faits n'ont point une relation assez directe avec nos contrées, pour que j'en fasse l'objet de mes récits. Ces Essais, en atteignant les faits qui ont rapport aux Comtes d'Evreux, doivent en même tems présenter, de préférence, ceux qui touchent le territoire. Toutefois, faisant autant que possible, marcher de front ce qui concerne l'un et l'autre objet, je ne dois pas perdre de vue le grand arbre Historique de la France, dont la branche que j'exploite se trouverait dénuée de son mérite et de son intérêt, si je l'en montrais trop détachée.

La conduite du Roi, Charles d'Evreux, pendant ces années, fut constamment un tissu d'intrigues, d'hostilités et de complots criminels avec les ennemis de la France intérieurs et extérieurs. Il eut peut-être été plus dangereusement secondé par les Anglais, si par un oubli de sa cauteleuse prévoyance, dans une des harangues que sa façon de populaire lui permettait d'adresser fréquemment à la multitude, il n'eut une fois déclaré, en termes trop clairs, que peut-être il avait plus de droits à la couronne de France que ceux qui la contestaient aux Valois. Cette phrase inconsidérée, parvenue aux oreilles du Roi Edouard, refroidit pour jamais son zèle et son intérêt pour Charles. Le Navarrois ne reçut de lui, depuis ce moment, aucuns secours réellement efficaces ; ils furent seulement suffisans pour entretenir en France les troubles et les divisions intestines, qui, plus d'une fois, sont entrés dans les calculs de la politique Anglaise.

Il ne manquait à tous les actes de scélératesse commis jusqu'alors par Charles le-Mauvais, que l'emploi du poison, qui par la suite, lui devint plus familier. Le Régent pensa en être une des premières victimes. Dans l'intention où était le Navarrois d'attirer la couronne de France sur sa tête, il osa attenter à la vie du Dauphin, par un poison donné secrètement, et qui, s'il n'eut pas tout l'effet que le coupable en attendait, n'en altéra pas moins la santé du Prince pour le reste de ses jours. Quoique ce premier attentat de ce genre, commis par le Roi de Navarre, ne soit pas complètement avéré, tous les Historiens en laissent planer le soupçon sur sa tête.

Ce Prince coupable, voyant néanmoins journellement le parti du Régent se fortifier, et le sien s'affaiblir d'une manière sensible, fit, avec le Dauphin, un traité dont les deux Reines douairières furent encore médiatrices, et qui fut signé à Vernon. Par ce traité, toutes ses places de Normandie lui furent enfin rendues ; et de plus, il lui fut cédé à Paris un hôtel, dit l'hôtel de Nesle, qui fut dès lors appelé l'hôtel d'Evreux-Navarre.

Un traité d'une bien plus haute importance, puisqu'il intéressait la France entière, eut lieu en 1360 : ce traité, nommé le traité de Brétigny, fut signé entre les deux couronnes de France et d'Angleterre. Il rendit au Roi Jean, sa liberté, et à la France, son

Monarque, retenu captif par Edouard III, depuis quatre années. La paix, d'abord signée provisoirement à Londres, le fut définitivement à Calais. Une paix particulière y fut également signée entre le Roi de France et le Roi de Navarre, sous la médiation du Roi d'Angleterre. Le Roi de France y fut représenté par Gilles Aycelin de Montaigu, Evéque de Thérouanne, Chancelier de France; et le Roi de Navarre, par l'Evêque d'Avranches, Robert Posses, son Chancelier. Les deux frères des deux Souverains en furent les garans. Philippe d'Orléans, frère du Roi Jean, et Philippe d'Evreux, frère de Charles-le-Mauvais, jurèrent et promirent, pour leurs frères respectifs, l'exacte observation de ce traité, qui enfin fut sanctionné, ainsi que celui de Brétigny, par le Saint-Père, sous peine des censures Ecclésiastiques au premier contrevenant.

Rien d'intéressant pour la Normandie ne se passa en France pendant les trois années suivantes. Si le calme de cette Province offrit aux habitans, pendant ce tems, les moyens de réparer leurs désastres et leurs pertes, le calme apparent du Roi de Navarre, dans son Comté d'Evreux, fut en même tems pour les peuples un objet d'étonnement.

L'exécution

L'exécution du traité de Brétigny entraîna en France beaucoup de difficultés. Le Duc d'Anjou, second fils du Roi Jean, resté en Angleterre, en qualité d'ôtage, jusqu'à l'entière exécution de ce traité, fatigué des longueurs qui en retardaient la conclusion, et par conséquent empêchaient son retour en France, quitta Londres furtivement et revint à Paris. Le Roi Jean, esclave de sa parole, et désirant offrir la preuve que cette évasion de son fils, n'était que l'acte d'une jeune tête irréfléchie, auquel il n'avait aucune part, se décida à retourner en Angleterre. Quelques Auteurs contestent ce respectable motif du Roi Jean, et veulent qu'un attachement secret en ait été la raison cachée et véritable. Quoiqu'il en soit, à peine arrivé à Londres, il tomba dangereusement malade, et mourut au mois d'Avril 1364, âgé d'environ quarante-cinq ans, après treize ans et huit mois de règne (23).

Le Dauphin, qu'en quittant de nouveau la France, il y avait institué Régent, lui succéda, sous le nom de Charles V, surnommé depuis Charles-le-Sage. Il n'était que Régent et point encore sur le Trône, et Charles d'Evreux, Roi de Navarre, avait recommencé la guerre au sujet de la réunion de la Bour-

gogne à la couronne. Le Roi Jean, pendant
son court séjour en France, s'était déclaré
héritier de cette Province. Il est inutile d'é-
tablir ici quels étaient les droits du Roi Jean
à cet héritage. Le Roi de Navarre le reven-
diquait comme ayant des droits plus directs.
Son intention était de les soutenir ; en conséquence, il manda près de lui Jean de
Grailly, de la maison de Foix, connu sous
le nom de Captal de Busch, qui, par sa
bravoure et ses talens militaires, passait pour
l'un des plus grands capitaines de ces tems-là.
Il le gratifia du Comté de Longueville, prit
à sa solde tous les braves qui suivaient sa
fortune, et lui donna le commandement des
forces qu'il s'occupa de réunir en Normandie.
Ces préparatifs terminés, il déclara formel-
lement la guerre à la France, et fit munir
et fortifier de nouveau toutes les places et
forteresses de ses domaines. Mantes et Meulan furent mis dans l'état de défense le plus
respectable. Des garnisons nombreuses et
bien armées occupaient ces deux villes,
parcourant journellement dans leurs sorties,
le territoire environnant, troublaient par
leurs courses, les relations entre Paris et
Rouen.

Cette communication était interceptée

d'une manière plus insupportable encore,
par les incursions d'une bande de brigands,
connus dans ces tems sous le nom de com-
pagnons. Ces scélérats avaient établi leur
repaire dans le château-fort de Roboise,
situé à pic sur une falaise qui domine la
Seine, entre Mantes et le pays d'Evreux. Du
haut de cette retraite escarpée, qui leur
servait d'asile, ils infestaient la contrée et
y commettaient d'affreux brigandages, atta-
quant Français ou Navarrois, sans exception.

Charles V, alors Régent, voulant mettre
fin à tous ces désordres, fit choix d'un capitaine vaillant et expérimenté, gentilhomme
Breton, nommé Bertrand Duguesclin. La
belle conduite de ce preux chevalier en Bretagne, et ses hauts faits d'armes dans la
guerre de Charles de Blois, au service militaire duquel il avait été attaché, étaient
parvenus à la connaissance du Régent. Ce
Prince lui fit passer des lettres de service,
lui donna l'ordre de se rendre en Normandie
avec des troupes, et de s'entendre avec le
maréchal Boucicault, qui, partant de la capitale, devait se joindre à lui, à la tête de
quelques escadrons. Duguesclin, entouré de
chevaliers valeureux et d'un bon nombre de
lanciers et arbalétriers, hâta sa marche.

S'étant présenté devant Evreux, cette ville refusa de lui ouvrir ses portes. Il passa outre, et poursuivit sa route, pendant que Boucicault, ayant tourné Mantes et Meulan, pour esquiver le passage par ces deux villes, arrivait de son côté. Ils firent leur jonction près de Roboise. Par un stratagème concerté entre les deux capitaines, ils se rabattirent sur Mantes, s'en saisirent à l'improviste, et se portant rapidement vers Meulan, l'occupèrent également par surprise. Boucicault eut la garde de ces deux villes, qu'on pouvait appeler les clefs de la Normandie. Duguesclin, avec les siens, retournant sur ses pas, marcha sur Roboise ; il s'en empara de vive force. Tous les brigands furent pris ou exterminés. Cette forteresse, importante par sa situation, devenue la conquête de Duguesclin, fut vendue à son profit pour le prix de six mille francs, somme considérable alors. Elle fut depuis démolie et rasée.

Bertrand, après cette expédition, se rendit à Vernon, et y établit son quartier, pour y prendre quelques jours de repos. Il détacha cependant le Vicomte de Beaumont à la tête d'un corps de cavaliers, pour courir et battre le pays jusqu'aux portes d'Evreux, où Guillaume de Graville commandait.

« Ja (dit Froissard) Messire Beaumont
» avait fait son entreprise, véez ci Messire
» Gui de Graville monté sur fleur de coursier,
» qui s'écria tant haut : Beaumont, vous ne
« vous en irez pas ainsi, vous faut parler à
» ceux d'Evreux, et vous veulent apprendre
» à eux cognoitre ».

Un combat singulier s'engage bientôt entre
les deux preux, pendant que leurs gens en
viennent aux mains. Le choc est violent ; les
glaives étincèlent, se croisent, mais les
Normands ont le dessus ; les Bretons fai-
blissent. Beaumont, dans son combat seul à
seul, est renversé de son cheval, et forcé de
crier merci ; il se rend à Graville, qui emmène son prisonnier en triomphe à Evreux.

Ce premier succès dans une chaude escar-
mouche, fut d'un bon augure pour le Roi
de Navarre, et détermina le Captal de Busch
à se mettre en campagne. Commençant par
assurer les abords d'Evreux, du côté de
Conches, il envoya Guillaume de Graville
pour protéger la sûreté de cette communication ; et, après avoir confié Evreux à la garde
de Michel d'Orgery, il partit à la tête d'une
armée composée de Normands et de Navarrois : il commandait personnellement un es-
cadron d'écuyers et de braves, au nombre

desquels on comptait les Seigneurs de Gauville et de Sacquenville. Il forma deux divisions, dont l'une prit la route de Pont-de-l'Arche, l'autre celle de Pacy. Il avait appris que les Français devaient se présenter à l'un de ces deux passages. Chaque division, chacune de son côté, les ayant franchi sans rien rencontrer, toutes deux se réunirent, et formèrent un corps de toutes armes composé d'un peu plus de quinze cents combattans, cavaliers, arbalétriers et fantassins. Le Captal, commandant en chef, appuyant ses derrières par un bois, prit position sur un monticule sur les bords de la rivière d'Eure, proche Cocherel, entre Pacy et la Croix-S.t-Leufroy. Un hérault d'armes qu'il avait arrêté sur sa route, lui avait donné des nouvelles de l'arrivée des Français dans ces parages. Duguesclin, en effet, commandant un corps d'armée du même nombre environ que celle du Captal, avait quitté Vernon, et cherchait l'armée Navarroise pour lui livrer bataille.

Les deux capitaines ayant eu connaissance de leur approche respective, se disposèrent au combat. Duguesclin, traversant Pacy, longeant la rivière, s'avançait vers Cocherel ; il ne tarda pas à découvrir la position avantageuse occupée par les Navarrois. Les deux armées brûlaient d'en venir aux mains ; mais la prudence de Bertrand ne permettait pas aux siens de commencer l'attaque. Son but était de décider le Captal à descendre de la hauteur sur laquelle il attendait de pied ferme, et à venir à sa rencontre. L'habile Duguesclin, pour parvenir à ce but, usa d'un stratagème qui lui réussit. Affectant l'apparence de l'incertitude dans sa marche, à l'aspect de l'ennemi, il feignit de vouloir rebrousser chemin : à cette vue, le Captal prenant le change, croyant voir l'armée Française perdre confiance, et espérant en avoir bon marché, s'élance hors de ses retranchemens à la tête des siens, et se précipite à grands cris dans la vallée. C'était là où Duguesclin l'attendait ; il fait subitement volte face, et présente un front bien rassemblé à l'ennemi, dont la descente rapide désorganisait les bataillons. Déjà les Navarrois ont de la peine à se réunir ; ils sont à moitié vaincus. Le brave Bertrand commande à son tour l'attaque ; les Navarrois ploient, leur ralliement devient impossible ; le champ de bataille est jonché de leurs morts. Le courage est égal de part et d'autre, mais le désordre est dans l'armée du Captal, et le bon ordre fait triompher l'armée Française. Le Captal, lui-même, serré de près par l'intrépide Bertrand en personne, se rend son prisonnier. La victoire demeure ainsi à Duguesclin et à son armée (24). Cette bataille, plus remarquable par l'habileté des capitaines et la valeur des combattans, que par leur nombre, n'en fut pas moins glorieuse aux armes Françaises : elle se donna le 24 du mois de Mai de l'an 1364 ; elle illustra les premiers momens du règne de Charles V. Ce Monarque, le 19 du même mois, avait été sacré à Rheims ; il y reçut, avec une grande joie, la nouvelle de cette victoire, qui, bientôt lui fut confirmée par l'arrivée de Duguesclin. Amenant aux pieds du Trône son captif, il en fit hommage au Roi Charles. Ce Prince accueillit le guerrier Breton avec une vive satisfaction. La prise du Captal de Busch, le plus habile général que le Comte d'Evreux eut à lui opposer, lui parut le plus important trophée qui put lui être offert ; il se le réserva et le retint pour son propre prisonnier. Il dédommagea Duguesclin d'une manière éclatante de la rançon qu'il aurait eu droit d'en obtenir, le créant Maréchal de Normandie, avec le commandement des armes dans la Province ; il disposa en outre en sa faveur du Comté de Longueville, qu'il confisqua sur le Captal, à qui le Roi de

Navarre en avait fait don, et lui remit en même tems le soin de la continuation de cette guerre et de celle de Bretagne.

Le Roi, Charles d'Evreux, fut consterné en apprenant ces événemens. Vainement essaya-t-il de prolonger une lutte inégale avec la France. Le Roi Charles V, sans employer de grandes forces pour le réduire entièrement, se contentant de le tenir dans la nécessité du pied de guerre, laissa pendant plusieurs années un ennemi acharné et impuissant user lui-même ses forces pour se maintenir en attitude, au moyen de quelques places qui lui restaient en Normandie, et particulièrement dans le Comté d'Evreux. L'entretien de ces places, la solde des gens de guerre, épuisaient ses moyens. Le Roi Charles-le-Sage, du fond de son cabinet, éclairé par la prudence, persistait à garder Mantes et Meulan, qui assuraient les communications de Paris avec Rouen ; et, déclarant son intention de conserver le Comté de Longueville, dont il avait formé une dotation pour Duguesclin, n'en présentait pas moins l'olivier de la paix. Il offrait la Seigneurie de Montpellier en dédommagement, et la restitution des places soumises par ses armes en Normandie ; mais le Comte d'Evreux s'opiniâtrait dans ses refus et sa résistance. Un traité secret que Charles-le-Mauvais, quittant exprès le continent, avait été conclure avec le Roi Edouard, allait rendre de nouveau ces contrées, théâtre d'une guerre cruelle, à laquelle l'Anglais se proposait de prendre une part très active. Le Roi de France, par des rapports particuliers, ayant été informé du passage de Charles d'Evreux en Angleterre, de l'objet de ses négociations et du moment précis de son retour, escorté de renforts puissans, qu'il ramenait contre la France, fit préparer une flotille armée en guerre, qui cinglant à pleines voiles sur les bâtimens de transport Navarrois au moment où ils approchaient des côtes de-Normandie, les dispersa, en coula à fond la majeure partie, et anéantit ce nouvel armement.

La mauvaise fortune du Roi de Navarre suivait ainsi, depuis plusieurs années, ses projets toujours déconcertés. Elle fut comblée par ce dernier échec ; il se détermina enfin à accepter les conditions que le Roi de France, constant dans sa fermeté, comme dans sa modération, continuait à lui offrir. L'Evêque d'Evreux, Philippe de Brucourt, qui avait succédé à Robert, fut un des principaux médiateurs d'un accommodement

entre les deux Rois. Le Roi de France consentit à se rendre sur les terres Navarroises
en Normandie. Le Roi de Navarre vint au-
devant de lui, et l'escorta jusqu'à son arrivée
à Vernon, où Charles V séjourna quelques
jours, logé dans le château. Un traité de paix
y fut signé en 1371. Charles-le-Mauvais y
accepta les invariables propositions de Charles-le-Sage. La bonne intelligence sembla
encore cette fois régner dans ce nouvel accord. Les deux Rois revinrent ensemble à
Paris ; là, Charles d'Evreux, en garantie
d'une bonne foi sur la sincérité de laquelle
on était peu accoutumé à compter, livra,
comme ôtages, ses deux fils, Charles et Pierre,
entre les mains du Roi, leur oncle, et quittant
la France, passa en Navarre, où l'état des
affaires exigeait depuis quelque tems sa présence.

Livrés aux fluctuations de la vie turbulente
et criminelle de Charles d'Evreux, Roi de
Navarre, et aux récits des agitations de tout
genre, dont il est sans cesse le provocateur
en France et dans la Normandie, nous avons
perdu de vue la Reine, femme de ce Prince
et sœur du Roi Charles V. Le silence de l'Histoire à son égard, est peut-être le plus bel
éloge de cette Princesse, qui, toute entière

à ses devoirs d'épouse et de mère, ne figura jamais en rien dans aucuns des actes qui ont déshonoré la vie du Roi, son époux. L'époque de son dernier voyage en Navarre, fut celle du délabrement d'une santé pour laquelle, par le conseil des Médecins, la Reine revint à Evreux, en 1373, et y mourut au château, regrettée peut-être du Roi, son époux, mais surtout du Roi Charles V, son frère et de tous les habitans de la ville et du Comté d'Evreux, témoins de sa conduite mesurée et vertueuse. Elle laissa plusieurs enfans, dont deux fils, tous deux en ce moment servant d'ôtages à l'exécution du dernier traité consenti et signé par le Roi, leur père, avant son départ pour la Navarre.

Les affaires qui avaient appelé Charles-le-Mauvais en son Royaume de Navarre, ne l'occupaient pas tellement qu'elles l'empêchâssent de penser encore à ses prétentions à la couronne de France, et à l'emploi de tous les moyens pour y parvenir. Le poison, cette arme favorite des traîtres, lui avait déjà paru la plus propre à seconder ses perfides projets. Déjà, Charles, Roi de France, étant Dauphin, en avait éprouvé les cruels effets. Il allait de nouveau en être la victime, vers l'an 1378, lorsque des avis certains l'instruisirent des nouvelles machinations du Roi de Navarre , et lui donnèrent l'indication de deux agens principaux de ses odieuses trames.

Charles V avait depuis peu obtempéré à la demande du Prince Charles , fils aîné du Roi de Navarre , en lui permettant de suivre sa cour et de l'accompagner dans ses voyages. Le public apprit tout à coup qu'un nommé Jacques Deruë, écuyer, attaché au jeune Prince Charles d'Evreux, venait d'être arrêté à Senlis, pendant un voyage du Roi à Compiègne. Un autre individu, nommé Pierre Dutertre, fut, d'un autre côté, arrêté à Bernay, dont il était Gouverneur pour le Roi de Navarre. Les renseignemens qui avaient donné lieu à ces arrestations n'étaient malheureusement que trop positifs. Les lettres et papiers dont les deux personnages arrêtés se trouvèrent porteurs, et quelques préparations inconnues qui furent saisies dans leurs effets, servirent de pièces d'accusation , et bientôt de preuves irrécusables. Les prévenus eux-mêmes, au procès jugé au Parlement, avouèrent leur détestable projet ; et déclarèrent les noms des Officiers de la bouche du Roi, dont la connivence avait été achetée au poids de l'or. Les parricides et leurs complices furent condamnés au supplice qu'ils méritaient.

Le Roi de France, indigné à la fin de tant d'atrocités, ordonna au brave Duguesclin, qu'il venait de nommer Connétable, de prendre possession de toutes les places du Comté d'Evreux et de toutes autres en Normandie, appartenantes au Navarrois. Le jeune Charles d'Evreux et de Navarre, alors près du Roi Charles V, Pierre de Navarre, et la Princesse Bonne, sa sœur, qui se trouvaient à Breteuil, tous trois enfans du Roi de Navarre, furent détenus en lieu de sûreté; mais il parut avéré peu après qu'ils n'avaient aucunement participé aux projets des scélérats, et ils furent remis en liberté.

Pendant ce tems, la plupart des villes et forteresses des Domaines du Navarrois, attaquées simultanément, se soumirent. Evreux, dont les désastres occasionnés par l'incendie qui y avait eu lieu lors de la prise de possession par le Roi Jean, étaient à peine réparés, osa refuser d'ouvrir ses portes et tenir tête aux troupes Françaises. Cette conduite des habitans de la ville d'Evreux, honorable en toute autre circonstance, mais irréfléchie en faveur d'un Prince qui en était si peu digne, appela de nouveau sur cette malheureuse

ville, l'incendie, le pillage, suite inévitable
d'une occupation de vive force. Un grand
nombre de bourgeois restèrent victimes d'une
inutile résistance, qui laissa, après la soumission, des traces déplorables et de longs
et pénibles souvenirs.

Pont-Audemer, place très-forte alors,
imita l'exemple d'Evreux : cette ville fut
assiégée par le Connétable. L'usage de l'artillerie était encore récent, et c'était déjà la
seconde fois que Pont-Audemer éprouvait les
effets de ce terrible moyen d'attaque. « Aussi,
» remarque Froissard, avaient les Français
» plusieurs canons et engins dont ils contur-
» mèrent fort la place, qui se tint moult
» vaillament et long-tems dura le siége. Enfin
» la ville et la forteresse se rendirent ; les
» tours, murs, bastions furent rasés, qui
» maints deniers avaient coûté à faire ». Il
en fut de même de tous les lieux susceptibles
de défense dans les Domaines du Roi de Navarre. La chronique de Normandie cite entr'autres châteaux-forts, Brionne, Montfort,
Beaumont-le-Roger, Pacy et Acquigny (25),
qui furent complètement démantelés, pour
éviter un retour à une nouvelle opposition.
« Et fit courir, le Roi de France, dans tout
» le Comté, les gabelles et subsides, ainsi

» qu'ils couraient parmi le Royaume de
» France ». Il ne resta plus au Navarrois que
Cherbourg , qui , sans cesse ravitaillé par
mer , par les Anglais , résista à toutes les attaques.

La mort du Roi de France , Charles V,
arriva deux ans après , en 1380. Atteint depuis plusieurs années des funestes effets d'un
poison lent , ténébreusement administré ,
pendant sa Régence , par Charles-le-Mauvais,
il succomba. Le régime le plus austère ne
put prolonger ses jours au-delà de l'âge de
44 ans. La France perdit en lui, un des Rois
le plus sage et le plus habile qui aient illustré
le Trône. Nul Roi, disait Edouard III, ne
tire moins l'épée que Charles , et ne me cause
cependant plus d'embarras et d'inquiétudes.
Aucun Prince ne sut mieux que Charles V,
dit le Sage, choisir ses généraux, ses ministres, ses magistrats.

L'institution du premier et plus ancien
Tribunal suprême d'exception, dit Cour des
Aides, date du règne de ce Prince , et j'en
fais ici la mention , parce que l'Evêque d'E-
vreux d'alors , Guillaume d'Estouteville ,
d'une des maisons de Normandie les plus fé-
condes en hommes d'Etat et de mérite, fut le
premier nommé Président de cette Cour de
haute

haute Magistrature, qui long-tems exista, la seule investie de ses attributions dans le Royaume.

Charles VI succédait, à l'âge de 12 ans, au Roi, son père, et sacré à Rheims, le 4 Novembre de l'an 1380, préparait à la France, l'un des plus longs règnes qu'offre la suite chronologique de nos Rois, et l'un des plus ballotés par une succession continuelle d'agitations et de malheurs. Pendant ce tems, Charles d'Evreux, Roi de Navarre, éprouvait dans son Royaume, dans ses guerres contre le Roi de Castille, les mêmes revers qu'il avait éprouvés en Normandie, contre son beau-frère, Charles V. D'autre part, les Anglais qu'il avait appelés à son secours, et auxquels il avait donné l'occupation momentanée de Cherbourg, refusaient de lui rendre ce port important pour eux, sur les côtes de France. Il suivait à ce sujet des négociations dans le cours desquelles un hasard quelconque le mit en relation avec un anglais, nommé Wourdreton, espèce d'empyrique voyageur de la plus équivoque réputation, et qui, dans ses courses en France, paraissait avoir eu des accointances avec des valets attachés au service de la panneterie de la cour de France. Cette dernière circonstance

L

et la situation critique où se trouvait Charles-le-Mauvais, comme Souverain, firent renaître dans son imagination habile à faire succéder les crimes aux crimes (26), l'idée d'un nouvel empoisonnement , dont Wourdreton pourrait être l'agent et l'exécuteur. Il sonda l'anglais : quelques entretiens particuliers amenèrent les confidences, l'intimité ; il fit des propositions , de brillantes promesses. L'intrigant subalterne fut flatté, séduit ; il se porta fort de mener à fin le complot.

Le plan du Navarrois, cette fois, était plus vaste , et ses atroces combinaisons enveloppaient plus de victimes. Le jeune Roi, ses oncles , les Ducs de Berry et de Bourgogne, le Duc de Bourbon , étaient les têtes choisies et désignées au scélérat, obscur entremetteur du perfide Roi de Navarre. Wourdreton, livré un moment à ses propres réflexions , parut ébranlé et hésiter sur l'exécution ; mais, placé entre l'espoir d'une grande fortune et le danger imminent de reculer , après avoir accédé aux premières ouvertures, effrayé d'un côté , ébloui de l'autre , il prit son parti, et se détermina à consommer sa criminelle entreprise.

Cependant, en France, on avait les yeux ouverts sur les actions du Navarrois, malgré son éloignement. Les fréquentes relations d'un individu mal famé, avec la cour de Navarre, avaient éveillé les soupçons ; l'arrivée de Wourdreton à Paris, accrut encore les inquiétudes. L'anglais fut arrêté, interrogé, fouillé ; ses réponses embarrassées, et par-dessus tout, des paquets de poudre arsenicale trouvés sur lui, ne laissèrent aucun doute sur ses perfides intentions. Il était tems de dévoiler les crimes du Roi de Navarre, et d'en dérouler juridiquement les odieux développe-mens. Wourdreton, déconcerté dès les pre-miers momens, dans l'espoir d'obtenir sa grâce, avoua tout. Il fut mis en prison au châtelet, et le procès s'instruisit dans toutes les formes usitées, contre le Roi de Navarre, comme Pair de France, vassal de la couronne, pour le Comté-Pairie d'Evreux. L'instruction dura plusieurs mois par-devant la Cour des Pairs, convoqués à cet effet au Parlement. Toutes les formalités furent remplies. Le Comte d'Evreux, appelé par trois fois, sui-vant la coutume, au perron du palais, n'ayant point comparu, le jugement fut prononcé contre lui, comme coupable de lèse-Majesté au premier chef. Il fut déclaré atteint et con-vaincu de crimes énormes contre le Roi et la famille Royale. Un reste d'égards pour un

Prince issu du sang de France, empêcha des explications plus positives dans l'énoncé de l'Arrêt. L'empoisonneur Wourdreton fut condamné à être écartelé , et tous les biens du Roi de Navarre, en France, le Comté d'Evreux et autres, furent confisqués et déclarés réunis à toujours à la couronne.

Précédemmunt, à cette époque, les enfans du Roi de Navarre, reconnus, ainsi que je l'ai dit, innocens des crimes de leur père, considérés désormais comme des ôtages inutiles en France , avaient reçu l'autorisation d'aller retrouver le Roi, leur père, en Navarre. Charles, l'aîné des deux jeunes Princes , avait épousé Eléonore , fille de Transtamare , Roi de Castille , et demeurait à la cour du Roi, son beau-père. La vie crapuleuse que Charles-le-Mauvais menait en Navarre , ne permettait pas à son fils et à une belle-fille de demeurer à sa cour, où lui-même ne les aurait pas souffert sans contrariété. En effet , ce Prince réunissant tous les genres de dépravation, avait établi , dans sa résidence à Pampelune, une école de libertinage. Privé de ses domaines du Comté d'Evreux et de Normandie , réduit au simple produit de ses Etats de Navarre , les dépenses excessives à l'aide desquelles il entretenait la débauche et la dissolution dans sa cour, outrepassaient la modicité de ses revenus et de ses finances, et le portait à des vexations inouies pour obtenir des tailles et des subsides dont les Navarrois étaient obérés. Une taxe extraordinaire avait été levée en 1385 : elle n'était point encore entièrement acquittée, qu'il forma le projet d'en établir une nouvelle. Dans cette intention, vers la fin de cette année, il manda près de lui et assembla les Nobles et principaux Notables des bonnes villes et cités de Navarre, au nombre d'environ soixante, et leur fit part de ses nouvelles demandes. Leurs sages et justes remontrances déplurent au despote, qui prit un parti que sa tête féconde en détestables machinations pouvait seule inventer. Il donna l'ordre de les faire tous passer en un verger entouré de murs très-élevés. Ils n'avaient en ce lieu aucun moyen de résistance; ils obéirent. Il leur fit alors signifier qu'ils eussent à prendre une délibération conforme à sa volonté absolue, leur faisant fournir, en alimens, seulement ce qui était nécessaire pour vivre. Déjà plus de vingt-quatre heures s'étaient écoulées ; déjà le tyran en avait fait, dit un Historien, « décoller trois, qui, » à son opinion, étaient les plus rebelles, pour » donner trémeur et exemple aux autres, » lorsqu'un événement terrible survint à propos, pour le salut de cette malheureuse noblesse rassemblée, et délivra la maison Royale de France de son opprobre, et la terre de son fléau.

Les Médecins avaient conseillé à Charles, épuisé par ses débauches, pour réparer et soutenir ses forces, de se faire envelopper dans un drap trempé dans de l'esprit de vin. Plusieurs fois il avait fait usage de ce violent confortatif, et une chaleur factice pompée par tous ses pores, semblait chaque fois lui rendre une vigueur que la nature ne lui accordait plus. Il était dans cette enveloppe ; un valet de chambre chargé du soin de l'en sortir, ne trouvant point sous sa main l'instrument nécessaire pour couper le fil qui cousait les linceuls, approche indiscrètement la lumière pour en brûler le nœud : le feu prend aux draps ; une flamme inextinguible enveloppe et dévore le tyran. Des secours tardifs vinrent cependant à bout de l'arracher au violent supplice du moment, mais pour y faire succéder une prolongation d'horribles tortures, qui mirent fin au bout de quelques jours à son odieuse et déplorable existence, le 1.er de Janvier de l'an 1386.

Telle fut la digne fin de Charles de France,

Comte d'Evreux : doué de toutes les qualités qui peuvent faire briller un Prince puissant, il les tourna toutes au profit du crime. Il est du devoir de respecter les décrets de la Providence, mais l'admiration et la reconnaissance se joignent au respect ; on rend grâces à la vengeance céleste, quand armée de son invisible pouvoir, elle vient au secours des lois humaines, presque toujours sans force contre un scélérat couronné. Jamais Prince plus que celui ci, indigne du sang illustre de France, dont il tirait son origine, n'a justifié par une conduite plus constamment criminelle, le surnom de Charles-le-Mauvais, que les Historiens lui donnent unanimement. Sa vie fut une suite d'atrocités et de perfidies ; le genre de sa mort peut paraître un juste châtiment du ciel, et servir d'exemple à la postérité.

Pendant que la Navarre, dernier théâtre des forfaits de Charles-le-Mauvais, était témoin de l'effrayant dénouement de cette tragédie, Charles d'Evreux, héritier présomptif du Royaume, continuait son séjour auprès du Roi de Castille, Jean, son beau-frère, qui avait succédé à Henri de Transtamarre. Il apprit en Castille la fin lamentable de son père ; et, devenu Roi de Navarre, il se hâta d'y venir rendre les derniers devoirs au Roi défunt, et prendre possession du Trône, son héritage.

L'état où le Roi, son père, laissait les affaires et les intérêts de sa couronne, l'occupèrent tout entier dans ces premiers momens. L'opiniâtreté bizarre de la Reine Eléonore de Castille, qui, sans motifs apparens, malgré les invitations et même les injonctions du Roi, son époux, se refusait à quitter la cour du Roi, son frère, accrut encore ses embarras. Des formes accessibles, et une administration paternelle, ramenèrent à lui peu à peu la confiance des Navarrois, aliénée par la tyrannie du règne précédent Une fermeté généreuse, soutenue de manières conciliantes, ramena également la Reine, qui se rendit enfin à ses devoirs et à tous les sentimens d'affection et d'intimité qu'elle retrouva dans le Roi, son époux. Cette conduite loyale et prudente tout à la fois, rendait ainsi l'honneur et la dignité à sa couronne, et rappelait le respect des peuples vers un Trône déconsidéré par les crimes de Charles-le-Mauvais. Déjà le surnom de Charles-le-Noble lui était décerné nnanimement par ses sujets; la réputation de sa sagesse était parvenue à la connaissance de la cour de France; mais le sang de Charles-le-Mauvais qui coulait dans les veines de ses descendans, inspirait une secrète défiance à cette cour, tant de fois trompée par les intrigues et les perfidies du Navarrois.

Le Roi Charles VI, déja frappé de l'état de maladie qui, pendant la longue durée de son règne, causa les malheurs de la France, y portait une couronne dont ses oncles, les Ducs de Berry et de Bourgogne, exerçaient tous les droits. Ces Princes, sans égard pour les réclamations réitérées de Charles-le-Noble, persistaient dans la maintenue et confiscation du Comté d'Evreux et de tous les domaines appartenans à la branche Royale d'Evreux-Navarre, en Normandie. Les négociations et pourparlers qui avaient lieu depuis plusieurs années à ce sujet, entre les deux cours, n'avançaient nullement les affaires. Le Roi de Navarre, dans l'espoir d'obtenir par lui-même une décision plus favorable à ses demandes, prit le parti de se rendre en France. Il y fut reçu avec tous les égards dus à une tête couronnée. On lui donna à Paris des fêtes brillantes. Cependant, il ne tarda pas à s'appercevoir de l'inutilité de ses démarches. Des réponses évasives ou dilatoires coloraient toujours les refus. La situation des domaines

de la branche d'Evreux , en Normandie ,
avait donné lieu à trop d'allarmes pour qu'on
voulût courir les risques de nouvelles chances.
La réunion , déjà prononcée par la confiscation , était arrêtée sans retour dans le conseil
des Princes , qui, abordant enfin franche-
ment la question , et déclarant la ferme volonté du Roi , proposèrent, en son nom , à
Charles le-Noble , en échange , le Comté de
Nemours. On offrait de l'ériger en Duché-
pairie , et d'en faire le principal dédommagement, sans préjudice d'accessoires en revenus territoriaux et en sommes comptant ,
qui devaient présenter un juste équivalent.
Charles , après quelques hésitations , sentit
la nécessité de ployer sous la loi du plus fort;
et , cédant aux circonstances , consentit
enfin à adhérer à un traité qui fut passé le
9 Juin 1404 , et enregistré au Parlement le
27 du même mois. Les deux Rois de France
et de Navarre ayant , d'un commun accord ,
signé ce traité, tous les biens de la branche
d'Evreux spécifiés dans cet acte , et notam-
ment le Comté d'Evreux , furent définitivement réunis à la couronne de France. Charles,
dit le Noble , Roi de Navarre , préta immé-
diatement serment , comme Duc de Nemours.
Des détails ultérieurs sur la vie et les autres

actions de ce Prince, comme sur celle de sa descendance, nous deviennent désormais étrangers.

Une révolution de deux siècles, féconds en événemens relatifs à nos contrées, vient de m'offrir d'assez abondans matériaux, pour fournir la carrière que j'ai parcourue dans cette Suite de mes Essais. Il convient de la clore à l'époque où la couronne du Comté d'Evreux semble ne devoir plus former qu'un fleuron imperceptible perdu dans la couronne de France. Je ne prétends rien préjuger sur le degré d'intérêt qu'il est possible d'appeler désormais sur l'Histoire de cette fraction de la Normandie, continuée sur le même plan. Sans avoir, à cet égard, aucuns projets arrêtés pour les siècles qui vont suivre, je me contenterai, pour le moment, d'emprunter à l'Histoire générale quelques aperçus rapides et isolés qui pourraient servir de points de ralliement pour notre Histoire particulière, rattachée à celle de France, depuis Charles VI jusqu'à nos jours.

Ce Prince malheureux, incapable par la maladie, de gouverner par lui-même, voit son Royaume, tourmenté par les factions, en proie aux étrangers. Les Anglais viennent dominer jusque dans Paris. La Normandie et le Comté d'Evreux subissent, comme tout le territoire Français, la loi d'un envahissement aussi long que désastreux.

Charles VII, son fils, dont l'affection des Français pour ses Rois est presque le seul hérirage, réduit à quelques Provinces, entouré d'une élite de braves, devient avec leur appui, le conquérant de son Royaume. Jean Stuart Sire d'Aubigny, Connétable d'Ecosse, appelé à défendre la cause de la France et de notre Roi, se distingue au rang de nos guerriers. Il obtient de la munificence royale, la donation du Comté d'Evreux, qu'il ne possède que pendant quelques mois, étant mort peu de tems après, en 1428, continuant de combattre pour la France et pour Charles VII.

Evreux, rentre sous l'obéissance du Monarque Français, par le zèle d'un de ses plus vaillans serviteurs, natif d'Evreux, nommé Robert de Floques. Ce preux chevalier soumet également la ville et le château de Verneuil, après en avoir chassé les Anglais, avec une grande perte des leurs. Conches, Pont-de-l'Arche, Vernon, rentrent, par ses exploits, sous la domination légitime, pendant que Louviers fait la même soumission au capitaine Poton de Xaintrailles. De Floques reçoit d'honorables récompenses. Il est nommé à la place de Grand Bailli de la ville d'Evreux, dont la survivance est accordée à son fils. L'élévation de Guillaume de Floques, son frère, sur le siége Episcopal d'Evreux (27), offre un nouveau gage de la reconnaissance du Roi pour des sujets fidèles et dévoués. Charles, rendu aux droits de sa couronne, en donne lui-même l'assurance, en venant avec la Reine visiter Evreux, où il est accueilli avec les témoignages de la plus vive allégresse. Ces démonstrations unanimes se prolongent le lendemain sur sa route, jusqu'à Louviers, où il reçoit le même accueil. La Normandie, toute la France voient avec joie refleurir les lys ; l'ordre se rétablit partout, et l'heureux succès des armes de Charles VII, lui mérite le nom de Charles-le-Victorieux.

La guerre, dite du bien public, sous le règne de Louis IX, amène ce Roi dans nos contrées, où sa présence, calculée d'après sa méticuleuse politique, a laissé des souvenirs.

Jean Balue, né de parens pauvres, dans la classe populaire, obtient momentanément, par ses talens plutôt que par ses vertus, la confiance du Monarque despote et soupçonneux. Nommé à l'Evêché d'Evreux, élevé à la Pourpre Romaine, il tombe tout à coup du faîte de la faveur dans la disgrâce la plus absolue. Flétri par une punition cruelle et célèbre dans nos annales, il survit à son opprobre ; et, fugitif, il trouve un asile à Rome, auprès du Souverain Pontife. Il rentre dans sa patrie, sous le règne de Charles VIII, revêtu du caractère de Légat du Pape, Sixte IV, et offre un exemple remarquable de la vicissitude des choses humaines.

Le règne suivant, nous présente Louis XII honoré du surnom glorieux de Père du Peuple. Il est puissamment secondé dans ses vues paternelles, par le fameux Cardinal d'Amboise, son premier Ministre.

Ce Prélat, Légat du S.t-Siége, et Archevêque de Rouen, fait bâtir, sur les dessins et la direction d'Audrouet Ducerceau, le plus habile architecte d'alors, le magnifique château de Gaillon (28), monument regrettable, chef-d'œuvre d'architecture du siècle où il a été construit.

C'était ainsi qu'en ce siècle, la renaissance des arts préludait à celle des lettres, sous le successeur de Louis XII.

François I.er fait remonter la branche des Valois sur le Trône. Il est surnommé le Père des Lettres. Sous son règne, Gabriel Le Veneur succéda à Ambroise, son oncle, dans l'Evêché d'Evreux. Ce fait a cela de remarquable que cet Evêque est le premier nommé par le Roi de France, en vertu du concordat (29); et, chose plus singulière encore, ce choix de François I.er porte sur un jeune homme de quatorze ans, qui est reçu sans difficulté.

Henri II, fils et successeur de François I.er, vient à Evreux, avec la Reine Catherine de Médicis ; il y fait, en 1550, une entrée brillante, et y reçoit les respects et obéissance des Magistrats et habitans de la ville, qui obtiennent des preuves de sa bienveillance.

Ce Monarque laisse quatre fils. Trois de ces Princes, François II, Charles IX et Henri III occupent successivement le Trône de France ; le premier est moissonné peu de tems après son avènement à une couronne dont son âge tendre lui laisse à peine sentir le poids.

Vers 1569, le Roi Charles IX, dans l'intention où il était d'établir une résidence de chasse et de plaisance à Noyon-sur-Andelle, auquel il donna le nom de Charleval (30), voulut y adjoindre le Domaine de Gisors, que possédait François, Duc d'Alençon, et depuis d'Anjou, son frère. Il donna à ce Prince, en dédommagement, le Comté d'E-vreux, qu'il érigea, en sa faveur, en Duché-pairie. La possession du nouveau Duché, confirmée par le Roi Henri III, ne fut pas de longue durée entre les mains de François mort sans postérité, en 1584. Cette mort fut suivie d'une nouvelle réunion des Domaines d'Evreux à la couronne.

La Ligue et les troubles qu'elle entraîna apres elle, exercèrent nécessairement une déplorable influence sur la ville d'Evreux et tous les pays environnans.

La race des Valois, éteinte par l'assassinat du Roi Henri III, en 1589, fait place à la maison de Bourbon, en la personne de Henri IV.

La petite ville de Pont-de-l'Arche a l'honneur d'être la première place qui se rend au Roi, depuis son avénement au Trône. Leblanc de Rollet, homme de courage, qui y commandait, lui remet les clefs, près de deux ans avant la mémorable bataille d'Ivry. Cette victoire, remportée par Henri - le - Grand, en 1591, est bientôt suivie de la pacification générale. Claude de Saintes était alors Evêque d'Evreux ; ligueur obstiné, il persista dans une opposition coupable ; oubliant son carac-

tère

tère Episcopal, il souffle lui-même l'esprit de rébellion. Il est pris dans Louviers, envoyé à Caen, jugé dans toutes les formes et condamné à la peine capit le. Ce prononcé suffit à Henri ; sa clémence commue la peine. Le Roi se contente d'ordonner la détention provisoire de l'Evêque, dont le regret abrége les jours.

Les talens et le mérite du fameux controversiste Duperron, fixent les regards de Henri IV, qui l'élève au siége Episcopal d'Evreux, et obtient pour lui le chapeau de Cardinal. Ce Prélat était Evêque de cette ville, lorsque Henri ayant parcouru les principales contrées de la Normandie, en 1603, passa par Evreux, où il séjourna deux jours, logé dans le Palais Episcopal. Les habitans de la ville d'Evreux rappèlent avec complaisance une époque où leurs murs furent honorés de la présence du meilleur de nos Rois.

Enfin, en l'année 1651, le Domaine d'Evreux, redevenu Comté, entra dans l'échange accordé au Duc de Bouillon, Latour d'Auvergne, pour la principauté de Sedan.

En terminant ici la Suite de mes Essais Historiques, après avoir rapidement tracé l'esquisse de quelques événemens principaux

M

relatifs au pays d'Evreux et contrées environnantes, jusqu'à des tems plus rapprochés
de nos jours, je ne peux m'empêcher de
revenir sur celle de ces Esquisses qui forme
le premier de mes Aperçus. Je veux parler
de l'envahissement de la France, sous
Charles VI. . . . .
. . . .

J'allais, m'emparant de cette époque de
notre Histoire, et la rapprochant des grands
événemens qui se sont passés en 1814, y
chercher des similitudes, y trouver des points
de contact susceptibles de comparaison, et
finir par quelques réflexions, suite naturelle
du sujet, lorsqu'un événement bien plus grand
encore vient arrêter subitement ma plume,
déconcerter toutes les combinaisons et dé-
router tous les calculs de la politique.

Il n'est plus question présentement d'é-
crire, il faut se contenter d'être observateur.
Le moment qui enfante les faits les plus inouis
doit être celui du silence de l'Historien.

*Il est des événemens d'une telle nature,
qu'ils sont au - dessus de l'organisation
humaine.*

Proclamation de NAPOLÉON
au Peuple Français.

F I N.

NOTES.

(1) Ce changement de local, pour la réunion des Rois de France et d'Angleterre, en plusieurs endroits, dans les deux fois vingt-quatre heures, est motivé tout naturellement par la nature des divers objets qui furent traités, arrêtés et conclus dans cet intervalle de tems, et par le brillant cérémonial et les fêtes qui accompagnèrent chaque réunion dans chacun des trois endroits, Châteauneuf près Portmort, Boutavant dans l'île du Goulet, et le château de Portmort, tous les trois à un quart de lieue tout au plus l'un de l'autre. Au château de Boutavant, appartenant au Roi Jean, furent arrêtés le matin, les articles du traité de paix, et au même endroit, fut signée en même tems la cession du Comté d'Evreux, par Amauri III de Monfort. Le même soir, à Châteauneuf, appartenant à Philippe-Auguste, le traité de paix fut signé dans les formes, entre les deux Rois, de même que la donation du Comté d'Evreux à Blanche, nièce du Roi Jean, pour lui servir de dot à son mariage avec Louis, fils de Philippe. A cette donation, de convention expresse, concouraient les deux Monarques, puisque Philippe payait à Amauri de Monfort une somme d'argent considérable pour l'acquisition des domaines du Comté, et Jean donnait d'autre part à Amauri, en remplacement des droits de Souveraineté qu'il cédait, le Comté de Glocester en Angleterre. Quant à Portmort, château où le mariage fut célébré et conclu le 3 de

mai, ce château était situé sur les terres de Normandie , près Châteauneuf, situé sur les terres de
France , et l'on peut se rappeler que le motif de la
célébration du mariage sur les terres de Normandie,
était d'éviter sa nullité , qu'on aurait pu prétendre s'il
eût été célébré à Châteauneuf , les terres de France
étant alors en interdit.

Je dirai ici accessoirement qu'on ne saurait trop
s'assurer de l'exactitude des noms propres ou de
localités , qui souvent se trouvent altérés ou dénaturés
dans les Auteurs même les plus estimés , de manière à
induire quelquefois dans de graves erreurs. J'ai cité
précédemment le nom du Goulet , changé en celui de
Goleton par Moreri, et après lui, par Le Brasseur. Je
cite maintenant celui de Portmort, que Mézerai
nomme *Parmoy* : Les noces , dit-il, furent célébrées
avec des pompes, des festins publics et des jeux solen-
nels à *Parmoy* , sans indiquer le local où il place ce
Parmoy.

Un Auteur qui veut être exact , venant après,
parlant à son tour des mêmes faits , et les relatant
comme il les trouve consignés dans des Histoires
accréditées , peut, faute de vérifications , tomber dans
des méprises souvent désagréables , en croyant être
dans la bonne voie. Avis aux Ecrivains et aux
Lecteurs.

(2) Amauri III fut le dernier Comte d'Evreux de
la maison de Monfort, il décéda en Angleterre, peu
après l'an 1200 , sans lignée de Mabile , Comtesse de
Glocester , son épouse.

(3) Jetant les yeux sur les environs de Pacy, je trouve l'occasion de dire un mot du coteau de Menilles, qui domine la petite ville de Pacy, et dont à deux ou trois lieues à la ronde les vins ont quelque célébrité.

Si l'on veut en croire le vieux Manuscrit dont j'ai annoncé avoir eu communication, il prétend que le territoire de Menilles fournit (apparemment dans le tems où il écrit) le safran le meilleur qui se recueille en France. Je ne peux me dispenser de faire ici cette mention qui m'étonne, n'ayant jamais ouï-dire ni vu ailleurs, que cette culture ait eu lieu dans ces cantons, pas plus anciennement qu'aujourd'hui.

(4) Je ne prétends pas discuter ici les raisons que Mézerai peut avoir pour faire une semblable obser-vation, mais je veux grossir le martyrologe de cette maladie par un récit que ma mémoire me fournit en ce moment.

J'allais quelquefois dans ma jeunesse au couvent des Pères Capucins du Marais, à Paris, aujourd'hui la paroisse de S.t François d'Assises ; un homme esti-mable, chargé de l'achèvement de mon éducation, y connaissait et voyait le père Gardien, homme assez instruit. Nous nous promenions souvent avec ce Père, dans une galerie du couvent où les murs étaient chargés des portraits de plusieurs Capucins célèbres, accompagnés d'inscriptions latines, espèce d'appendice de la vie de chacun d'eux. Parmi plusieurs Capucins de familles distinguées, et dont la modestie des Pères n'avait pu se refuser de conserver l'image, il en était un, annoncé être mort de la même maladie que Louis VIII. Ce n'était pas le frère Ange de Joyeuse , assez connu dans l'histoire de France, ni un frère Molé , fils ou parent d'un Garde des Sceaux de ce nom ; les portraits de ces deux Pères figuraient dans la galerie. Ce n'était pas non plus un certain père des Gravelles , dont la figure hilariée m'est encore présente , et dont la légende portait cette désignation joviale : *Capucinus amabilis valdè ;* mais bien un Père Octavien de Marillac , fils du Garde des Sceaux , connu sous le nom du Père Michel , nommé à l'Evêché de S.t-Malo, et décédé en 1630. Il était mort, disait l'abrégé latin écrit au bas du tableau : *Internâ effracturâ apothecarum continentiæ.*

L'humble milice de S.t-François , comme on peut voir, n'était pas fâchée de signaler dans ses rangs, des noms recommandables, de conserver le souvenir de leur présence sous ses drapeaux , et particulièrement de faire montre d'un des plus remarquables de ses enfans , mort aux champs d'honneur de la chasteté.

(5) Selon toute apparence , il y a erreur ou mécompte dans l'amour que l'on suppose au Comte de Champagne , Thibault, pour la Reine Blanche. Les Historiens en cela s'abusent, s'amusent, ou se copient de confiance les uns les autres , à moins qu'on ne veuille croire à l'illusion la plus complète, qui chez le Comte a pu être une suite de l'exaltation de son amour; car la reine Blanche avait déjà vingt ans en l'an 1205, année de la naissance de Thibault. En supposant que ce Prince, précoce apparemment , eut été un chansonnier d'amour, dès l'âge de quinze ans,

la Reine Blanche en aurait eu trente-cinq. Si à l'époque de sa première Régence, en 1226, Thibault continuait encore à la chanter, elle avait alors quarante-cinq ans ; et cependant dans les poésies qu'on assure que le Comte Thibault a composées pour la Reine Blanche, il la qualifie dans ses transports amoureux de jeune beauté sans expérience, brillante d'attraits, *jeune blonde coloriée*, l'appelle-t-il ; en ce cas, on peut croire le Comte de Champagne bien aveuglé par la passion, ou la Reine Blanche, une blonde miraculeusement bien conservée.

(6) Quelques auteurs ont reproché à la Reine Blanche l'excès d'ascendant qu'elle exerçait sur le Roi, son fils, ascendant que la Reine Marguerite de Provence, épouse de S.t-Louis, souffrait impatiemment. *On assure*, dit l'Historien Anquetil, *que Blanche prétendait régler jusqu'aux plaisirs que le mariage leur permettait. La Reine Marguerite s'est plus d'une fois plaint de cette gêne, qui*, ajoute judicieusement le Père Anquetil, *ne l'a cependant pas empéchée de donner onze enfans à S.t-Louis.*

(7) Cet Archevêque de Rouen, Odon Rigaud, fit présent à la Cathédrale de Rouen, d'une cloche, l'une des plus grosses que l'on eut encore vues jusqu'alors : on l'appela de son nom, la Rigaud. Nos vieux auteurs prétendent que c'est de là qu'est venue l'expression vulgaire : boire à *tire la Rigaud*, parce qu'il fallait douze hommes pour la mettre en branle, et que, comme ceux qui étaient chargés de cette pénible fonction s'échauffaient beaucoup au travail, on leur fournissait à boire amplement devant et après la sonnerie.

C'était donc bien pis du tems de l'Archevêque Georges d'Amboise , qui depuis donna à la même Cathédrale une cloche d'une dimension prodigieuse, et que l'on dit avoir pesé quarante milliers. Je n'ennuierai pas mes Lecteurs de récits plus circonstanciés sur cette cloche , pour ne pas répéter ce qu'ils ont vu ou lu partout dans les Histoires de Rouen ou de Normandie. Seulement, la perte de cet énorme corps sonore mérite un mot de regret. J'ignore à quelle époque de la révolution on a tourmenté cette cloche pour la faire sonner trop haut ou trop long-tems ; elle a cédé aux efforts, s'est cassée et a cessé de faire du bruit dans le monde. Les voyageurs peuvent encore rencontrer son battant, qui reste debout et muet , en manière de borne , à la porte d'un taillandier , sur la route de Dieppe , près Pavilly.

(8) Ce récit se rencontre dans le Mémorial manuscrit dont j'ai parlé dans ma Préface. Le Brasseur paraît l'avoir extrait de cet ouvrage pour le transporter dans le sien. Le Brasseur n'a fait à cet égard que ce que fait tout Historien en mille circonstances , et ce que je fais moi-même ; ce n'est point sur cela que porte le reproche qu'on peut lui adresser , mais bien sur le silence qu'il garde sur l'existence d'une source dans laquelle il puise jusqu'à l'épuiser, et dont il aurait dû parler , au moins par reconnaissance.

(9) Autre récit tiré du manuscrit dont j'ai parlé , par Le Brasseur , dont la circonspection , en fait de crédulité , est réellement comique. Je veux ici épisodiquement en donner un petit échantillon.

Page 368 de l'histoire civile et ecclésiastique d'Evreux , voici comme il s'exprime , et avec assurance :

« Cette année (en 1490), une femme mariée
» accoucha à Evreux, de trois chiens , et le jour suivant,
» de trois autres ; mais , ajoute-t-il (pour rendre la
» chose plus croyable) ils ne furent pas tous vivans.

On trouverait aujourd'hui , pour ajouter foi à de pareilles inepties , moins de Lecteurs crédules que Le Brasseur n'en pouvait trouver au tems où il écriv it. Ce trait me conduit à parler d'un fait à peu près du même genre , arrivé également à Evreux , mais de nos jours et pendant que j'y étais Préfet.

En l'an 13, une fille de la commune des Ventes , près Evreux , eut l'idée bizarre de se faire passer pour rendre des lézards , qu'elle voulait faire accroire s'être formés dans son corps. L'existence du phénomène prenait déjà quelque consistance dans la campagne d'alentour ; chacun glosait sur ce sujet ; les uns disaient que les lézards étaient verts , les autres voulaient qu'ils fussent bleus. La nouvelle parvint jusqu'à moi , et je trouvai tout simple qu'en pareille occurrence chacun fit des contes de toutes les couleurs. On alla jusqu'à m'apporter , dans l'intention de me convaincre , un de ces lézards , que je reconnus pour être tout simplement une salamandre aquatique , autrement dite lézard d'eau , ou verd-mouron , en Normandie. Je jugeai convenable , d'après l'espèce de publicité qu'acquérait tous les jours cette ridicule nouvelle, de mander près de moi la jeune personne. Je vis une jeune

villageoise d'environ dix-huit ou dix-neuf ans, d'une
figure assez commune, mais sournoise, pâle, et d'une
taciturnité qui déconcerta toutes mes questions. Je
pris alors le parti de la supposer malade et de la faire
conduire à l'Hospice , où je la recommandai à M.
l'Économe et à la surveillance des Officiers de Santé
qui suivent les malades de cet Hospice, avec autant
de zèle que de lumières. La fille fut enfermée ,
soignée , guettée de jour et de nuit sans qu'elle s'en
doutàt. Je supprime des détails plus circonstanciés de
cette dégoûtante jonglerie , à laquelle des parens , qui
vinrent d'abord voir la jeune fille , et dont on supprima
depuis les visites , n'étaient point étrangers. Le fait
était et fut prouvé , que les lézards reprenaient naturellement la même route par laquelle ils avaient
artificiellement été introduits. Et n'est-ce pas plus que
jamais l'occasion de s'écrier : où diable l'envie de faire
des dupes va-t-elle se nicher !

Passant maintenant du comique au sérieux , pendant
que j'en suis à des faits singuliers , je poursuivrai cette
note en relatant une bizarrerie très-remarquable de la
nature , arrivée dans le département de l'Eure , en ce
même an 13.

Pasquier dans ses Recherches , livre 6 , fait mention
d'un fait , et, après lui, Moréri cite, à l'article Chatry,
la femme d'un tailleur de ce nom , à Sens . qui con-
serva un enfant dont elle resta grosse pendant vingt-
quatre ans , et qu'elle mit au monde mort , en mourant
elle-même. A mon tour, j'ai à citer un événement
beaucoup plus singulier , et j'assure d'avance que
quelqu'extraordinaire qu'il puisse paraître , la cré-

dulité n'a pas besoin d'y jouer son rôle, la vérité seule va parler.

Amédée Bissieux, enfant *mâle*, âgé de 14 ans, mourut dans la ville de Verneuil, département de l'Eure, en l'an 13. Cet enfant avait toujours été d'une mauvaise santé, se plaignant de douleurs continuelles à l'hypocondre gauche, où il portait depuis sa naissance, une tumeur assez volumineuse. Une pelotte de cheveux roulés sur eux-mêmes qu'il rendit par les selles quelques jours avant sa mort, fixa l'attention des Médecins; et, dès qu'il fut mort, ils obtinrent de ses parens la permission d'en faire l'ouverture; ils trouvèrent dans l'hypocondre gauche un sac membraneux contenant un fœtus dans un état de conformation très-imparfaite sous quelques rapports, mais qui, sous quelques autres, portait la preuve d'une existence depuis plusieurs années, surtout à la tête. La place des yeux n'était indiquée que par deux cavités, dont l'une était peu sensible; mais plusieurs dents formées, jusqu'au nombre de sept, et implantées dans des directions différentes, s'offraient à une faible ouverture qu'on pouvait regarder être la bouche; une quantité remarquable de cheveux, en paquet et mêlés, garnissait le cuir chevelu. Ce fœtus, comme l'individu qui le portait, était du sexe masculin. Je reçus dans les vingt-quatre heures l'avis de cet événement extraordinaire, je donnai sur-le-champ mission à deux Médecins Anatomistes d'Evreux, et les invitai à aller s'assurer des faits, qui furent trouvés tels qu'ils m'avaient été annoncés. On me rapporta la description et de plus la représentation de cette monstruosité, dessinée d'après nature. Je ne trouvai pas la chose suffisante : j'envoyai de nouveau à Verneuil ; et , du consentement des parens dont la famille existe encore , le fœtus fut transporté à Paris , où Messieurs les Professeurs de l'Ecole de Médecine et de Chirurgie , après vérification de cet étrange phénomène , en firent mention dans les mémoires et procès-verbaux de l'année. Les hommes de l'art ou les curieux peuvent consulter ces mémoires pour obtenir de plus amples détails. Le Bulletin des Sciences Médicales , publié en ce même an 13 , par la Société de Médecine du département de l'Eure , en fait également mention.

Après avoir , dans les commencemens de cette note , appelé le ridicule sur la crédulité , je ne crains pas qu'on puisse supposer que je veuille par ce dernier récit , mettre de nouveau , et pour mon compte , cette même crédulité à contribution. J'ai dû , en relatant un fait aussi extraordinaire , en préciser, comme je l'ai fait, toutes les circonstances , pour que la vérité ne fut pas confondue avec la forfanterie ou l'erreur.

(10) Il est bon d'ajouter au récit de cette aventure miraculeuse, que Gilbert de Lomblon , en partant de Syrie , avait fait vœu si son voyage le conduisait au but de ses désirs, de fonder une maison et Eglise de la Trinité et Rédemption des Captifs : ce qu'il fit à la Poultière , son domaine près Breteuil , après son heureux retour , et en reconnaissance de sa délivrance. Le Père Dam , Ministre supérieur de la Rédemption des Captifs à Fontainebleau , trouvait dans le narré de cette anecdote , une occasion naturelle de parler de la fondation d'une maison de son ordre ; maison supprimée depuis , et qui n'existait plus que comme une chapelle à l'époque de la révolution.

(11) En ce couvent des Frères Prêcheurs , à Evreux, fut établi , vers 1540 , le tribunal chef-lieu de l'inquisition pour toute la Province de Normandie. Il paraît que le Roi François I.er , craignant alors les progrès des nouvelles opinions religieuses dans cette province , sur la demande et l'institution du Pape Paul III, consentit à cet établissement , ainsi qu'à d'autres de la même nature , sur plusieurs points de la France. Quelques sentences inquisitoriales furent rendues , mais ces nouveaux tribunaux aigrirent les esprits et favorisèrent l'erreur loin de la réprimer ; l'incompatibilité de ces institutions avec le caractère des Français , fut reconnue au bout de peu d'années , et l'autorité eut assez de sagesse pour revenir sur ses pas. L'inquisition fut universellement rejetée en France ; long-tems , à Evreux, on a conservé un sceau de cuivre à poignée , ayant servi à sceller le petit nombre de Décrets émanés du tribunal qui y a momentanément subsisté. Les prisons de l'inquisition existaient encore à Evreux, quelque tems avant la démolition des couvens.

(12) Le mausolée d'Enguerrand de Marigny, dans l'Eglise d'Ecouis , a été entièrement détruit pendant les premières années de la révolution ; il n'en reste plus rien. La statue en marbre de l'Archevêque de Rouen , frère d'Enguerrand , autrefois placée au-dessus du tombeau de cet Archevêque , avait été enlevée vers le même tems ; elle a été parfaiteme conservée, rendue à l'Eglise il y a environ deux ans, et placée dans le chœur, où on la voit aujourd'hui, à l'endroit même où était le monument d'Enguerrand.

C'est dans cette même Eglise d'Ecouis qu'est encore, vers le milieu du cœur, l'inscription si connue : *Cy gît l'enfant, cy gît le père*, etc. J'ai parlé de cette inscription dans une des notes de ma première partie. Il est possible que ce que j'en ai dit manque tant soit peu d'exactitude ; mais ce défaut dont on m'a fait appercevoir, peut être rectifié facilement et journellement par les voyageurs, qui, allant de Paris à Rouen et passant par Ecouis, sont à portée de consulter un petit imprimé explicatif qui se distribue auprès de l'Eglise. Je trouverais redondant d'entrer ici dans une nouvelle explication ou interprétation à ce sujet.

Le hasard fait que la même note présente une seconde inexactitude au sujet de l'écho du Genetay, que j'ai placé dans mon récit, tout près du bourg d'Ecouis, faute d'avoir vérifié les choses par moi-même : cet écho du Genetay est situé dans une autre portion du territoire environnant Rouen.

(13) Indépendamment des drapeaux, étendards, aigles, enseignes ou autres signes quelconques, qui dans tous les tems ont servi de point de ralliement aux troupes, on distinguait autrefois parmi ces signes de ralliement, un étendard de prédilection, espèce de gonfalon ou de bannière remarquable par sa forme, ses couleurs, ou par quelqu'image révérée qu'il présentait. Il indiquait à l'armée ce que nous appelons aujourd'hui le quartier-général. Chaque Monarque, chaque Potentat, chaque Duc même avait le sien, espèce de talisman dans sa Souveraineté ; cet étendard ne marchait qu'avec le Souverain et le précédait à la guerre. Dans les occasions importantes , un guerrier fameux parmi les braves se faisait gloire de le porter. Nous voyons encore aujourd'hui chez les Turcs , chez lesquels les anciens usages de leurs ancêtres ont été moins dénaturés que chez les autres nations , nous voyons l'étendard de Mahomet sortir et précéder le Grand Sultan , quand il va à une guerre à laquelle, pour donner à ses troupes un stimulant religieux , il donne le nom de guerre sainte ou guerre de religion ; cet étendard n'est chez eux qu'une imitation du labarum de Constantin.

L'oriflamme était le nom de la bannière de la France ; il était d'usage qu'elle restât déposée à l'abbaye de S.t Denis. L'époque à laquelle cette oriflamme a cessé d'être portée dans nos guerres , et à la tête de nos armées , est consignée dans nos histoires et paraît fixée au règne de Charles VI. Jean de Martel , sieur de Bacqueville , Chambellan du Roi , fut nommé Porte-oriflamme en 1414 ; s'étant excusé sur sa vieillesse , le Roi lui donna pour aides Jean de Martel , son fils , et Jean de S.t-Clair. Jean de Martel , dont les descendans du même nom possèdent des propriétés dans l'ancien Vexin , et particulièrement dans le département de l'Eure , fut tué en 1415, à la bataille d'Azincourt. Il est le dernier porte-oriflamme de France dont l'Histoire fasse mention.

La Normandie avait aussi sa bannière ou son gonfalon. Le Comte de Conches , de la maison de Toësny , était gonfalonnier du Duché. Cette grande charge de la couronne Ducale , dont la ville de Conches porte encore le rappel dans ses armoiries , paraît avoir été une espèce de propriété de sa famille ; l'Histoire et Chronique de Normandie, que j'ai plusieurs fois citée dans ma première partie , vient m'en fournir la preuve.

« Lors de la bataille d'Hastings , Guillaume, dit » notre antique Historien , ayant fait atteindre sa ban- » nière et l'ayant déployée au vent, la présenta à Raoul » de Conches, et lui dit : Tenez, il vous appartient » porter cette bannière de Normandie au droit de votre » héritage , je ne vous en veil pas faire tort tant que » je vivrai. Lors ledit Raoul mercia le Duc, lui » disant : Monseigneur, je vous remercie de ce que » vous m'offrez mon droit. Toutefois je ne porterai » point ladite bannière , craignant être empêché de » vous faire plus grand service , espérant tellement » endommager vos ennemis qu'il en sera mémoire à » toujours. Le Duc voulut lors bailler ladite bannière » à Gauthier Guiffart , lequel pareillement la refusa » Adonc le Duc appela un vaillant Chevalier, nommé » Toustain, dit Le Blanc, auquel il bailla de porter la » bannière , qui grandement l'en remercia. Cettui » Toustain était fils d'un des bâtards du Duc Raoul , » et était fort renommé pour ses prouesses. Toustain , » est-il dit plus bas , ayant piqué son cheval , entra » dans les hourdis des Anglais , et avança si fort, » qu'il porta la bannière du Duc proche l'étendard de » Héroult, etc.

La maison de Toustain , existante dans nos contrées, s'honore avec raison de faire remonter son origine à ce preux Chevalier, Porte-étendard de Guillaume-le-Conquérant , à la bataille d'Hastings.

(14) La

(14) La famille Bailleul , subsistante encore aujourd'hui, et possédant des biens sur le territoire du département de l'Eure , a la prétention de descendre de cet ancien Roi d'Ecosse , qui lui-même descendait d'une famille Normande. J'ignore jusqu'à quel point cette prétention est fondée , je dirai seulement que plusieurs communes en divers cantons portent le nom de Bailleul , qui paraît fort ancien en Normandie.

Quoique ces villages de Bailleul n'aient rien qui mérite d'être remarqué , celui qui est dans le canton de S.t-André , sur la route de Nonancourt , m'offre l'occasion de parler de la commune de Cracouville , petit village qui se trouve dans son voisinage , sur la même route , et qui , d'après le mémorial manuscrit , est l'un des plus anciens du département de l'Eure.

Cracus , Roi des Vandales , dans le quatrième siècle, pénétra en France à la tête d'une armée , il vint avant l'arrivée de S.t-Taurin dans les contrées qui environnent Evreux , y fixa pendant quelque tems son séjour, et fit construire un château dont on suppose que le lieu , dit le Vieil Evreux, offre les débris. Il avait trouvé, non loin de cet endroit, les constructions considérables d'une antique résidence des femmes des Druides. Les rapports du pays disaient que ces Prêtresses Souveraines, dans leurs danses cabalistiques , se rendaient visibles et invisibles à volonté. Ces femmes disparurent à l'approche de Cracus , et les vastes habitations qu'elles délaissèrent, offrirent au Roi Vandale un local favorable pour y établir le quartier-général de ses troupes. Le lieu fut de là appelé Cracouville , *quasi craci villa.*

N

On croit que sous Philippe-le-Bel , cette propriété appartenait aux deux frères Launoy , amans infortunés de deux des belles-filles de ce Prince. J'ai eu dans mon texte occasion de parler du cruel supplice qui termina leur existence.

Dans des tems plus rapprochés , Cracouville a appartenu à un gentilhomme Normand , perdu de dettes et de débauche , nommé La Truaumont. Sous le règne de Louis XIV , cet insensé prit parti dans la conjuration du Chevalier de Rohan , décapité à la bastille , entre les deux guichets , par égard pour sa famille. La Truaumont s'était retiré dans son château de Cracouville , on vint pour l'y arrêter ; ayant vainement tenté de s'évader, il se réfugia dans les greniers ; poursuivi, il voulut s'y défendre et y fut tué , victime d'une inutile résistance.

En terminant cette note et revenant sur l'origine de Cracouville , je ne veux point laisser échapper le singulier rapprochement de Cracus , Roi des Vandales , vers l'an 380, fondant le modeste village de Cracouville , près Evreux ; et de Cracus , l'un de ses descendans , environ trois cents ans plus tard , jetant les fondemens du Royaume de Pologne et de la ville de Cracovie, sa première capitale ; l'un et l'autre Cracus attachant leur nom , l'un à Cracouville , l'autre à Cracovie. Je dois donner le pas à Cracouville , qui existait trois cents ans avant Cracovie.

Je ne poursuivrai pas plus loin ces observations historiques , que j'offre à quelques égards sans une complète garantie , dans la crainte qu'elles ne paraissent un peu hasardées au Lecteur , et qu'il ne soit tenté de redescendre, sans ma participation, de Cracus jusqu'à M. de Crac.

Je viens tout à l'heure de rappeler le nom du Vieil Evreux. Ce que j'en ai dit vient à l'appui de ce que j'avais pu en dire dans ma première partie, mais néanmoins n'éclaircit pas le motif de cette dénomination : le Vieil Evreux. Elle n'est, au demeurant, pas plus singulière que celle d'un très-petit hameau situé dans l'arrondissement de Louviers, aux environs de la route qui conduit à Rouen, dans la commune de S.t Pierre-du-Vauvray ; ce hameau porte le nom de Vieux Rouen. Aucune indice, aucuns débris de constructions ne permettent d'assigner même une probabilité à ce nom, dont l'origine est encore plus enveloppée dans la nuit des tems. Je ne mets en avant cette dernière citation que d'après de simples narrés, mais positifs qui m'ont été faits. Je conviens que le dénuement de tous points de ralliement, soit historiques, soit autres, a neutralisé en moi le désir d'aller de ma personne faire, sur un local presqu'ignoré, une recherche reconnue d'avance comme infructueuse et à peu près inutile.

(15) J'avais toujours cru, d'après le plus grand nombre des Historiens, que ce trait anecdotique appartenait à Guillaume-le-Conquérant, lors de son débarquement en Angleterre pour en faire la conquête. Froissard, à ce qu'il me paraît, l'attribue au Roi Edouard III. Quoiqu'il en soit, en s'en rapportant à Froissard, il montre dans Edouard, la présence d'esprit d'un homme supérieur qui sait tirer parti de la circonstance. Si dans ma première partie, quand j'ai

N 2

présenté Guillaume avant son départ de Normandie ,
consultant un astrologue , on a pu croire à sa confiance
dans les mystifications de l'astrologie judiciaire ; je
suis bien aise de rétablir ici sa réputation , et rectifiant
les idées , de faire voir que Guillaume , en abordant en
Angleterre , n'était pas homme à se laisser abuser par
des pronostics , plus qu'Edouard en mettant le pied sur
le rivage Français. Les hommes d'esprit et de génie, en
respectant tout ce qui tient à la religion, savent s'af-
franchir de ce qui appartient à la superstition., et ne
font usage de cette dernière qu'autant qu'ils croient en
tirer avantage pour s'assurer dans l'occasion des esprits
faibles et faciles à se laisser prévenir. C'est toujours
mon ancienne chronique que j'appèle à mon secours
pour servir d'appui à mes réflexions. Voici de quelle
manière elle s'exprime au sujet et en faveur de Guillaume quand , aussitôt après avoir effectué sa descente
en Angleterre , il eut harangué son armée et fait ses
dispositions pour la bataille d'Hastings.

« Il advint que quand on l'armait de son haubergeon,
» il lui fut vêtu ce qui devait être devant au derrière ,
» et l'avait jà endossé quand il s'en apperçut ; dont
» aucuns en estimèrent un mauvais présage , disant
» que si autant leur en était advenu , ils ne combat-
» traient de la journée. Le Duc leur reprit : je ne crus
» jamais ni en sort ni en divinations , ni oncques les
» aimai ; je crois en Dieu et me fie en lui , et pense au
» contraire que mon affaire ira tout au rebours de ce
» que vous craignez , et que je laisserai le nom de Duc
» pour prendre le nom de Roi. » Cela dit, il ordonna ses
batailles.

(16) Jean de Luxembourg , roi de Bohême , que Froissard appèle mal à propos Charles de Luxembourg , fut tué à la bataille de Créci. Il avait amené lui-même un corps auxiliaire à Philippe de Valois , et quoiqu'aveugle , il voulut combattre en personne ; deux de ses écuyers furent assez dénués de bon sens pour se prêter à cette extravagance ultra chevaleresque , surtout de la part d'un Roi : ils attachèrent les brides de leurs chevaux à celui que montait le Roi de Bohême , et se lancèrent ainsi avec lui au fort de la mêlée , « et si avant s'y boutèrent , que tous y » demeurèrent , et fut lendemain le Roi trouvé sur la » place et eux autour , et tous leurs chevaux liés » ensemble. (Froissard). »

Le jeune Prince de Galles , fameux depuis sous le nom du Prince noir, âgé de seize ans, fit ses premières armes avec éclat à cette bataille ; ce jeune Prince , pendant l'action , eut un combat corps à corps avec le porte-étendard du Roi de Bohême , et le tua de sa main en se saisissant du drapeau ; trois plumes d'autruche en panache y étaient peintes , ayant pour devise ces mots : *Ich Dien*. Le Prince de Galles surmonta dès lors ses armoiries de ce trophée , qui depuis a servi et sert encore de couronnement aux armes de tous les Princes de Galles.

(17) Gaston, troisième du nom , Comte de Foix et de Béarn , était fils de Gaston II , mort en 1343 , des fatigues qu'il avait essuyées au siége d'Algésiras , où Philippe , Roi de Navarre , Comte d'Evreux , son ami , avait également succombé. Gaston III , dès sa jeunesse, à cause de sa beauté remarquable , fut sur-

nommé Gaston Phœbus, et prit un soleil pour type de
ses étendards. Il fut célèbre par sa vaillance, sa générosité et sa magnificence. Il avait aussi un degré d'instruction peu ordinaire pour le tems où il vivait ; il
composa un livre sur la chasse ; plus , un autre qu'il
intitula le miroir de Phœbus. Ces ouvrages se rencon-
trent dans plusieurs de nos grandes bibliothèques , et
encore dans celles de quelques curieux. Le dernier
est un assemblage inintelligible d'idées abstraites et
bizarres , écrites du style le plus obscur et le plus
ampoulé. Le nom de Phœbus est resté dans notre
langue pour caractériser un langage incompréhensible,
et on peut faire honneur au Comte de Foix , Gaston
Phœbus, d'être le provocateur d'un synonime à ce que
nous appelons vulgairement du galimatias.

(18) Froissard , feuillet CIV (104.ᵉ) du premier
volume, édition en 3 volumes, in-folio, s'énonce ainsi :
   « Le Roi de Navarre voulait avoir le Comté de
» Beaumont-le-Roger , la terre de Breteuil en Nor-
» mandie , de Conches et d'Orbec , la Vicomté de
» Pont-Audemer et le Bailliage de Constantin , les-
» quelles choses lui furent accordées par le Roi de
» France ; jà , soit que la Comté de Beaumont et les
» terres de Breteuil , de Conches et d'Orbec , fussent à
» Monseigneur Phelippe , frère du Roi de France ,
» Duc d'Orléans , auquel Duc le Roi de France , son
» frère , lui donna autres terres en récompense de ce ».
   Il paraîtrait que Froissard n'a point fait, sur cet
objet, autorité, car aucuns des grands ouvrages historiques faits depuis lui , tels que l'art de vérifier les
dates , Moreri , etc, n'ont adopté ces données. Le

Comté de Beaumont-le-Roger avait été érigé en Pairie, par le Roi Philippe de Valois, en 1328, en faveur de Robert d'Artois, tombé trois ans après en disgrâce et en rébellion, par suite du jugement qui ordonna la confiscation de ses biens. Le Comté-Pairie de Beaumont-le-Roger fut ainsi réuni à la couronne en 1331; il fut ensuite donné au frère puiné de Charles-le-Mauvais, à Louis d'Evreux, qui vivait propriétaire titulaire de ce Comté-Pairie au même tems où Froissard le prétend oté avec dédommagement au Duc d'Orléans, pour en investir le Roi de Navarre, sur sa demande; il en est de même de Conches, dont parle Froissard dans les mêmes circonstances. Le Roi Jean garda Conches par les motifs que j'en donne dans mon texte; et la preuve en est que Jeanne de France, femme de Charles-le-Mauvais, obtint de Jean, Roi de France, son père, en 1352, la confirmation d'une ordonnance par laquelle les Rois de France accordaient que le Verdier des Forêts de Conches et d'Evreux délivrerait du bois autant qu'il serait nécessaire pour la réparation de toutes les Eglises d'Evreux, maisons de l'Evêque, des Chanoines et des bâtimens publics. Donc Conches et sa forêt n'appartenaient point au Duc d'Orléans, comme le dit mal à propos Froissard mal informé, et ne furent point cédées au Roi de Navarre par l'accord fait entre le Roi de France et lui, en 1353. Je remarquerai en outre qu'en l'année suivante, 1354, selon Froissard, lui-même, feuillet 105, le Roi Jean ayant eu défiance des voyages du Navarrois en Avignon, se porta en personne en Normandie, où il fit prendre et mettre en sa main toutes les terres du Roi de Navarre, les garnisons d'Evreux et de Pont-Audemer, qui se défendirent et tinrent pour ce dernier ; ayant combiné une sortie en 1355, vinrent prendre le château de Conches, resté jusque-là en la main du Roi de France. Preuve que Conches et son domaine n'étaient point au Duc d'Orléans, comme le prétend Froissard, en contradiction avec lui-même.

Cette aride discussion a pour but de prouver combien il faut être en garde sur les faits avancés par certains Historiens dans des circonstances qui leur ont paru indifférentes, et qu'il ne faut mettre ces faits en avant avec sûreté, qu'après vérification. Je fournirai encore quelques autres preuves particulières à l'appui de cette assertion générale dans des notes qui suivront.

(19) Les archives du Chapitre de la Cathédrale d'Evreux conservaient plusieurs procès-verbaux des fêtes de cette confrérie. Ces pièces historiques ont disparu par suite de la révolution, mais j'en retrouve la mention avec les mêmes expressions dans le Mémorial manuscrit et dans l'Histoire de l'abbé Le Brasseur. Mon récit est extrait de ces deux sources ; je ne diffère avec ces deux écrivains que dans la manière d'habiller ma narration. Nous n'avons au surplus dans la circonstance, eux et moi, qu'une même manière d'habiller le Roi de Navarre, couronné de fleurs, en chappe et en surplis, et de présenter à nos Lecteurs, le bizarre tableau de Charles-le-Mauvais, chantant innocemment, dans cet accoutrement, l'Office de S.t-Pierre et de S.t-Paul dans la Cathédrale d'Evreux.

(20) Ce siége de Pont-Audemer passe pour être

le premier en France, où l'artillerie dans son état d'imperfection ait été employée.

(21) J'ai, dans ma première partie, à l'occasion du château de Tillières, parlant du sieur de Carrouges et de son procès avec le sieur Legris, en 1386, commis une légère erreur, peu sensible pour la majorité de mes Lecteurs, mais sur laquelle néanmoins je dois revenir.

La maison Leveneur, dans les propriétés de laquelle, par alliance et par héritage, se trouvent depuis plusieurs siècles les domaines de Tillières et de Carrouges, m'a fait adresser à cet égard par un de ses membres des observations fondées, qui m'imposent le devoir de rétablir les faits dans leur exactitude.

Jean de Carrouges, que j'ai dit Seigneur de Tillières, à l'époque de son procès, n'était point et n'a jamais été Seigneur de Tillières. Des renseignemens sur lesquels j'ai la preuve qu'on ne doit pas toujours compter, peut-être une fausse induction tirée de mes lectures, m'ont fait émettre un énoncé peu exact, que je rectifie ici. La terre de Tillières cesse d'être maintenant dans la maison Leveneur ; elle a passé en 1811 à l'héritière du dernier Comte de Tillières, mort en 1811, sans enfans mâles, n'ayant laissé pour héritier de son nom et titres, que son frère cadet, Alexis-Paul-Michel Leveneur, aujourd'hui vivant, propriétaire de la terre de Carrouges, dans le Département de l'Orne, où elle est située. Carrouges ayant appartenu à Jean de Carrouges, ancêtre maternel de M. Le Veneur, est encore actuellement possédé par ce dernier marié et ayant des enfans.

(22) Les Historiens ne sont point d'accord sur le lieu de la prison où fut enfermé Charles-le-Mauvais. Froissard veut qu'il ait été détenu au château d'Allères en Pallieul, séant en Picardie. Le Brasseur, dit : Arleux, en Artois ; Mézerai, Charbonniers, en Cambresis ; Daniel, dit : Crèvecœur en Cambresis. La désignation précise du local est au surplus peu importante.

(23) L'âge du Roi Jean, au moment de sa mort, est encore un fait sur lequel on ne trouve aucun accord parmi les Historiens. Mézerai, le Père Daniel, le Président Hainault, Moreri, diffèrent entre eux de deux, de quatre et de dix années.

Mézerai le fait monter sur le Trône à 42 ans, en 1350, et mourir en 1354, en disant qu'il mourut à 52 ans, ce qui lui aurait donné 56 ans au lieu de 52. Mézerai est en erreur avec lui-même.

Le Père Daniel donne au Roi Jean 40 ans, en montant sur le Trône en 1350, et le fait mourir à 46 ans, en 1364. L'erreur est évidente.

Le Président Hainault lui donne 30 ans à son avénement au Trône, en 1350, et 44 en 1364. Au moins le Président Hainault est conséquent.

Moreri le fait mourir âgé de 52 ans, dans une ancienne édition, puis, âgé de 53 ans, dans celle de 1759, qui cependant le fait naître en 1319, et après l'avoir fait naître en 1319, le fait monter sur le Trône à 40 ans, en 1350. Il est évident qu'il ne devait, d'après ce calcul, avoir que 30 ans. Mais comme il dit plus bas, que le Roi Jean est mort dans la 45.e année de son âge ; il oublie sa naissance, selon lui en 1319, et suppose qu'il est né en 1309, chose qui serait absurde, puisque Philippe de Valois, son père, ne s'était marié à Jeanne de Bourgogne qu'en 1313.

L'art de vérifier les dates devient ici notre véritable et plus sûr guide. Jean, né le 13 Avril 1319, succède à son père, le 22 Août 1350, âgé de 31 ans, et meurt le 8 Avril 1364, âgé de 45 ans moins 18 jours, dans la 14.ᵉ année de son règne.

Je ne suis entré dans ces détails, que pour donner une nouvelle preuve de ce que j'ai dit plus haut, sur la confiance que l'on peut avoir aux autorités Historiques, confiance qui ne doit pas être illimitée, et sur laquelle un écrivain sage et prudent ne doit point se reposer entièrement sans s'être assuré des faits.

(24) De quel étonnement n'est-on pas frappé aujourd'hui, en voyant une bataille célèbre dans notre Histoire, donnée entre deux armées à peine chacune de deux mille combattans. L'art de se détruire à la guerre, n'avait pas fait alors les immenses progrès que nous lui avons vu faire de nos jours. L'humanité gémissante, l'Europe en deuil, l'agriculture et le commerce en souffrance, réclament contre cette dépopulation organisée, et attendent une détermination consolante, de la sagesse des Princes qui gouvernent les Nations, et stipulent leurs intérêts.

(25) La forteresse d'Acquigny présentait alors une position formidable, dominant sur la rivière d'Eure, et située sur une hauteur, en un lieu dit Cambremont.

Elle fut démolie par ordre de Charles V. Quelques vieux crénaux , quelques pans de murailles subsistent encore comme des témoins de son ancienne existence.

Non loin d'Acquigny , en remontant la vallée de l'Iton , est située la commune d'Hondouville, qui paraît avoir été plus considérable qu'elle ne l'est aujourd'hui, ayant eu autrefois halle et marché. Parmi plusieurs sources d'un très-gros volume, qui forment rivière en sortant de ce village, et vont se jeter dans l'Iton , une source moins abondante , mais d'eau minérale martiale se fait remarquer : son efficacité en plusieurs circonstances, est connue depuis longues années.

Pendant qu'accessoirement je me trouve porté à Hondouville, l'occasion se présente de rendre compte d'une découverte faite tout récemment en cette commune.

Un enfoncement , depuis peu de tems , s'est formé très près du village ; et, presqu'attenant, est un champ situé à mi-côte, au-dessous du chemin qui conduit d'Hondouville à Houetteville. Il s'y est ouvert subitement un espèce d'entonnoir de dix à douze pieds de profondeur. Le voisinage d'Amfreville-sur-Iton, que j'habite pendant quelques mois de l'année, m'a décidé à aller visiter moi-même le lieu de l'excavation , au fond de laquelle j'ai apperçu l'ouverture d'une voûte rompue. Celui qui me conduisait avait, deux jours auparavant, pénétré, en rampant, sous cette ouverture ; il y avait trouvé un caveau dont la maçonnerie souterraine croulée en un seul endroit, avait occasionné l'éboulement des terres ; cette maçonnerie paraît du reste très-saine et bien conservée. Deux caveaux laté-

raux , dont on atteint promptement l'extrémité, par-
tagent de droite et de gauche, dans son milieu , la
voûte principale , sous laquelle mon conducteur a pu
se tenir debout ; il a suivi cette voûte et s'est porté
en avant dans la longueur de plusieurs toises. On a
creusé à ciel ouvert à l'endroit que , d'après son récit,
on a supposé correspondre au point où la présence des
terres l'avait forcé de rétrograder. A l'aide de cette
fouille , d'un évasement proportionné à sa profondeur
et à l'air libre, on a atteint le ceintre d'un espèce de
portail engagé dans la masse du terrain , et qui m'a
semblé devoir être la véritable entrée du caveau. On
n'avait eu jusqu'à ce moment aucune notion de tradition
quelconque , qui put faire soupçonner qu'une bâtisse
eût jamais existée en ce lieu. On avait néanmoins ,
dans un champ voisin, découvert , il y a peu d'années ,
plusieurs pierres creusées dans la forme et grandeur
des cercueils antiques.

Les premiers déblaiemens qu'une épaisseur de terre
de dix à douze pieds sur le sommet des voûtes rendent
nécessaires , vont être continuées jusqu'au sol ou doivent commencer les fondations. Il est possible que ce
sol, creusé lui-même , découvre et rende à la lumière
quelques objets conservés dans le secret de l'enfouis-
sement et échappés à la faulx du tems. Peut-être en
tirera-t-on , sous le rapport Historique ou Archéologi-
que , quelques inductions susceptibles d'intérêt.

Lorsque j'annonce ici l'apparition inopinée de ces
antiques constructions, que la culture recouvre depuis
des siècles , et ce commencement de découvertes,
peut-être quelques Lecteurs , d'une curiosité avide de

jouir, ne la trouvent ni assez promptement, ni suffisamment satisfaite par ce récit. Je prends la liberté de
les rappeler au calme froid de l'observation. Ni eux,
ni moi, nous ne nous attendons sans doute à voir s'ouvrir sous les flancs du coteau d'Hondouville, l'entrée
dans une nouvelle Herculanum. Bornons-nous à attacher
à ces découvertes le degré d'importance dont elles
sont, et surtout dont elles peuvent devenir susceptibles. Quant à moi, frappé de cet événement récemment arrivé dans des contrées que je me trouve fré-
quenter, je ne peux me refuser à en dire quelques
mots dans ces Notes.

J'ajoute encore que M. le Sous-Préfet de Louviers,
Homme de Lettres distingué, ami des Arts et jaloux
de mettre en évidence tout ce qui, dans son administration, peut concourir à l'accroissement des connaissances, se propose de faire surveiller les fouilles, à
l'effet d'informer l'Autorité supérieure, par M. le
Préfet actuel de l'Eure, Administrateur également instruit et éclairé, et l'on saura ultérieurement quel aura
pu en être le résultat.

(26) Pendant que le Roi de Navarre méditait des
empoisonnemens pour la France, il s'exerçait en Navarre, dans sa famille, à ce genre de scélératesse.
Agnès d'Evreux et de Navarre, sa sœur, avait épousé,
ainsi que je l'ai dit, le Comte de Foix, Gaston Phœbus.
Un fils, nommé pareillement Gaston, était né de ce
mariage : ce jeune Prince dut sa fin malheureuse aux
maléfices de Charles-le-Mauvais.

Vers 1382, Gaston Phœbus, son père, entretenait
une maîtresse, objet de chagrin et de jalousie pour la

Comtesse Agnès d'Evreux, son épouse, qui se retira en Navarre, auprès du Roi, son frère. Le jeune Comte Gaston voyait avec douleur cette séparation de ses parens, et entreprit de les réconcilier. Il alla en Navarre voir sa mère et le Roi Charles-le-Mauvais, son oncle. Ce dernier, abusant de la jeunesse de son neveu, lui donna une poudre pour mettre sur les mets qu'on servirait au Comte Gaston Phœbus, son père, en lui faisant accroire que sitôt qu'il en aurait goûté, l'amour pour Agnès renaîtrait dans son cœur, et il désirerait se rapprocher d'elle. Le jeune Prince, trop crédule, prit pour un philtre ce qui était une composition vénéneuse. Dans la bonne foi où il était, il ne céla point ce qu'il voulait faire à un de ses frères naturels ; celui-ci en avertit le Comte, lequel ayant découvert, par un essai, que la poudre en question était un dangereux poison, fit d'amers reproches au jeune Gaston, son fils, et le fit enfermer dans une étroite prison, où le malheureux Prince, coupable sans le savoir, périt d'ennui.

(27) Sous l'Episcopat de Guillaume de Floques, il se passa à Evreux, une scène qui peut offrir l'idée de l'empire qu'exerçaient la superstition et l'ignorance dans ces tems-là.

Sans préjudice, ou plutôt, au préjudice de la croyance en Dieu et en sa Toute-Puissance, on croyait alors au diable, et on lui supposait un certain pouvoir. Un Docteur en Théologie, nommé Edelin, s'avisa d'attaquer ce préjugé et d'être d'un autre avis. Son talent pour la prédication l'avait fait nommer au Prieuré de S.t-Germain-en-Laye. Homme instruit, homme d'esprit, il était néanmoins assez mal vu de ses confrères, qui n'avaient pas tout à fait tort sous le rapport des mœurs. Il inventa de prêcher contre les sorciers ; un cri général s'éleva contre lui, et on prétendit qu'il en était un lui-même. La principale preuve qu'on en fournissait, était qu'il avait subjugué l'esprit d'une femme d'assez haut parage. Edelin, joignait au talent les qualités d'un homme aimable dans la société ; une jeune, jolie et grande dame avait goûté sa conversation et ses manières, il avait abusé de sa faiblesse. Un prêtre n'est pas un sorcier pour cela , mais il est un mauvais sujet, et c'était le véritable reproche qu'on pouvait faire à Edelin. Ce reproche cependant, aux yeux de ses adversaires, n'était qu'un accessoire , le principal était ses relations avec le diable. Il avait fait un pacte avec le démon , il n'avait prêché contre les sorciers , que pour donner le change ; la jeune femme avait été ensorcelée, elle-même, dans un état de santé qu'elle cherchait à justifier, en convenait. Tels étaient les griefs principaux imputés à Edelin, dans un acte d'accusation à la suite duquel il fut traduit devant l'Officialité d'Evreux, qui avait ses prisons et ses cachots. Le prévenu avait beau se retrancher dans une négative absolue des crimes principaux dont on l'accusait, leur prétendue évidence était tellement mise en avant par les Juges, qu'ils en tiraient pour conséquence la perversité la plus invétérée, et l'association la plus intime de l'accusé avec l'esprit de ténèbres. Hélas ! les ténèbres sans esprit, peut-être même un autre démon , celui de la jalousie, aveuglait ces juges ineptes et barbares. Le supplice

destiné

destiné aux sorciers, était d'être brûlé vif : la ville et la cour, dont cette affaire était devenue la nouvelle, s'attendaient à l'effroyable condamnation.

L'Evêque d'Evreux, De Floques, Pontife humain et disposé à des idées raisonnables, ne partageait pas l'opinion de son Officialité dans toute sa sévérité ; il voulait qu'Edelin fut puni comme coupable contre la morale et les mœurs, mais non pas comme sorcier. Le Prélat, homme juste mais faible, ne put exercer son influence au-delà d'un accord entre l'Officialité et lui, d'après lequel on sauverait le dernier supplice à Edelin s'il faisait l'aveu de ses crimes. L'accusé avait de la peine à convenir qu'en fréquentant une femme jeune et jolie il eut vu le diable, et que ses relations qu'il avouait avec la première, en fussent aussi avec satan. Cependant, l'urgence y était, le jugement allait se prononcer, les bûchers étaient prêts à s'allumer ; la torture, déplorable préliminaire pour arracher la parole, avait été mise en activité. L'infortuné Edelin, affaibli d'esprit et de corps, victime dévouée, dans la crainte du dernier supplice, fit enfin tous les aveux tels qu'on les exigea de lui ; il convint qu'il avait renoncé à Dieu, qu'il avait été au sabbat en chevauchant sur un balai, qu'il avait vu et adoré le diable sous la figure d'un bouc, et qu'il lui avait baisé le derrière. *Deo renunciavisse, diabolum hirci figurâ adoravisse, et podici ejus oscula dedisse.*

Ces mensonges, arrachés par les tourmens et par l'horrible perspective d'un supplice plus affreux encore, sauvèrent la vie au malheureux Edelin. Mais, malgré l'insistance de l'Evêque *in mitius*, la miséricorde des Juges ne s'étendit qu'à laisser l'existence au coupable, qui fut condamné à être enfermé dans un cachot pour le reste de ses jours.

Le Jésuite Brabançon Delrio, et Bodin, dans sa Démonomanie, au Traité des Sorciers, Paris 1581, in-4.°, assurent qu'Edelin était un vrai magicien, et l'Historien Masseville est bien embarrassé de savoir qu'en dire.

Déplorons l'aveuglement de ces siècles d'ignorance; plaignons-en les malheureuses victimes, et félicitons-nous d'un affranchissement tout entier à l'avantage de la Religion et de l'humanité.

(28) Les Archevêques de Rouen, comme l'on sait, étaient Seigneurs de Gaillon et de Louviers. Lorsque Georges d'Amboise parvint à la chaire archiépiscopale de Rouen, aucune maison de délassement et de campagne attachée à l'Archevêché n'était en proportion avec l'importance du siége. Georges d'Amboise se proposa d'en faire construire une, et déjà son emplacement était arrêté près d'un couvent, dit de Sainte-Barbe, au-dessus de Louviers, sur le coteau qui, en ce lieu, domine la rivière d'Eure. Un bassin riant, d'une certaine étendue, y déploie aux regards les richesses d'un vallon varié dans ses points de vue, et arrosé par les eaux limpides et courantes de l'Eure. La place destinée aux constructions était indiquée à mi-côte, les fouilles étaient commencées, une source abondante amenée d'une distance peu éloignée, située au-dessus du fief de Becdal, déjà conduisait ses eaux par des canaux creusés sous terre, et revêtus en ma-

çonnerie jusqu'au local choisi ; mais Audrouet-Du-cerceau, consulté par l'Archevêque, présenta un tout autre plan, et proposa d'établir ses constructions à Gaillon qui, sous tous les rapports, méritait la pré-férence. L'Archevêque ne balança pas, les projets dont l'exécution était déjà commencée à Ste-Barbe, furent abandonnés ; les canaux souterrains furent dé-laissés, et les bois excrus sur ces conduits, les desti-naient à l'oubli. L'élargissement, devenu nécessaire de nos jours, pour la grande route qui suit le cours de l'Eure, avant d'arriver à Louviers, et qui forme l'em-branchement d'Evreux à Rouen, a atteint ces canaux et les a mis partiellement à découvert. On en voit encore çà et là les vestiges en suivant cette route.

La vue qu'offre l'emplacement, dit la terrasse de Gaillon, est, sans contredit ; l'un des plus beaux as-pects qu'il soit possible de rencontrer. Le Département de l'Eure en présente plusieurs très-remarquables sur différens points, parmi lesquels je peux citer les vues du château du Thuit, proche Andelys, et celles de Caumont et du Landin, dans l'arrondissement de Pont-Audemer. Je citerais volontiers encore la vue gracieuse du château de Menneval, près Bernay.

(29) Presque tous les Historiens qui parlent de François I.er et du concordat, le [disent ainsi ; mais Amelot de la Houssaye, dans ses Mémoires Historiques et Critiques, prétend que Louis Gaillard, Evêque de Tournay, puis de Chartres, fut le premier Evêque de France dont les Bulles furent expédiées au nom de François I.er, depuis le concordat. Quoiqu'on ne doive

qu'une demi-confiance aux assertions un peu hasardées de cet écrivain, il est possible, pour concilier les choses, que les Bulles des deux Evêques, Gabriel Le Veneur, pour Evreux, et Louis Gaillard, pour Chartres, aient été expédiées dans le même travail. Je n'entreprendrai point une discussion sur ce fait, indifférent en lui-même et de pure curiosité, mais qui cependant, pour Evreux, à l'occasion de Gabriel Le Veneur, est susceptible de citation.

(30) La chasse était alors un art qui avait sa tactique et son vocabulaire, parvenus jusqu'à nous. Mais nos chasseurs, plus instruits et plus raisonnables, traitant la chasse comme un délassement, n'y attachent plus, comme art, les mêmes prétentions qu'on y attachait du tems de Charles IX. Ce Prince était passionné pour cet exercice. Il a composé sur l'art de la chasse un ouvrage qui peut se trouver dans les bibliothèques de quelques vieux châteaux, ou dans la collection de certains amateurs.

Charles IX avait résolu de faire construire une maison Royale de chasse à Noyon-sur-Andelle, proche la forêt de Lyons, où la chasse lui plaisait plus que partout ailleurs. Sa mort survenue, suspendit l'ouvrage. Les vastes fondations déjà élevées et sorties de terre, sont restées au même état depuis lors. Charles, par affection pour ce lieu, avait voulu lui attacher son nom, et à Noyon-sur-Andelle substituer Charleval. Ce dernier nom est resté et l'usage l'a adopté.

Par une bizarerie singulière, Charles IX a été en cela mieux secondé par le hasard que François I.er et Henri IV. François , fondateur de la ville du Hâvre , qui, dans l'origine n'était qu'un petit port , avec une chapelle , avait voulu que la ville naissante fut nommée Françoiseville. Ce nom n'a pas pris , et celui du Hâvre-de-Grâce a prévalu. Henri IV, ayant quelques projets pour la petite ville de Quillebeuf, avait changé sa dénomination, et désirait qu'elle prît le nom de Henriqueville. Les volontés de Henri , à cet égard, n'ont pu prévaloir sur d'anciennes habitudes , et le nom de Quillebeuf est toujours resté.

N'envions pas, au surplus, au Roi Charles IX une faible jouissance qui reste à sa mémoire , peu susceptible d'ailleurs de satisfaisans souvenirs. La mémoire de François Ier, le père et le restaurateur des Lettres, et celle du grand , du bon Henri IV, peuvent trouver dans ces titres de glorieux dédommagemens.

F I N.

TABLE DES MATIÈRES
PAR ORDRE ALPHABÉTIQUE.

A.

B.

C.

Longueville, 152, 153. *Il fait battre par une flotille, l'armée navale du Roi de Navarre*, 154 ; *et fait un traité qu'il signe à Vernon*, 155. *A cause des nouveaux crimes de Charles-le-Mauvais, il se saisit de la Normandie et du Comté d'Evreux*, 158. *Il meurt ; son éloge*, 160.

Charles VI *succède à son père*, 161. *Il est frappé d'une maladie fatale pour la France*, 169. *Pendant son règne, les Anglais envahissent la France*, 171 *et* 172.

Charles-le-Mauvais, *fils de Jeanne et de Philippe, Roi de Navarre et Comte d'Evreux*, 95. *Reste sous la tutelle de la Reine Jeanne*, 98. *Il hérite de la couronne de Navarre et du Comté d'Evreux*, 108. *Il exerce des actes de sévérité et de cruauté dans la Navarre*, 109 *et* 110. *Il épouse Jeanne de France, fille du Roi Jean*, 111. *Il réclame plusieurs Domaines, se retire à Evreux, méditant des projets de vengeance ; il fait poignarder à Laigle le connétable Lacerda*, 112. *Il prépare une guerre civile*, 113. *Obtient des cessions avantageuses du Roi Jean*, ibid. *Demande et obtient son pardon*, 114 *et* 115. *Il enrichit l'hôpital d'Evreux ; s'occupe de pieuses institutions*, 116 *et* 117. *Se révolte contre*

P.

ville est visitée par Charles VII et Louis XI, 173. *Le Comté est érigé en Duché-Pairie en faveur du Duc d'Alençon, depuis Duc d'Anjou, et encore réuni au domaine, après la mort de ce Prince*, 176 *Le Comté d'Evreux est échangé contre la principauté de Sédan avec le Duc de Bouillon la Tour d'Auvergne*, 177.

F.

Faits extraordinaires. *Notes.* 185 et suiv.

François I.er, *Roi de France*, 174.

Françoiseville. *On essaie inutilement de donner ce nom au Hâvre*, 213.

G.

Gaillon. *Château donné aux Archevéques de Rouen, en dédommagement de la terre de Pinterville*, 43. *Le magnifique château est bâti par le Cardinal d'Amboise, premier ministre de Louis XII*, 174.

Galles (le Prince de). *Origine du trophée qui couronne les armes des Princes de Galles*, 197.

Gaston, *Comte de Foix et de Béarn, marie son fils à Agnès d'Evreux, fille du Comte Philippe*, 98.

H.

L.

distingue dans plusieurs guerres ; prétend au Royaume d'Angleterre, est sacré et couronné à Londres, 26. Surnommé le Lion ou cœur de lion ; il cède la couronne à Henri, fils de Jean, et revient en France, 27. Il succède à Philippe-Auguste, sous le nom de Louis VIII, fait la guerre aux Albigeois, chasse les Anglais de France, 31. Il meurt au château de Montpensier ; conjectures sur sa mort, 33.

Louis IX, *fils de Louis VIII et de Blanche de Castille, est sacré à Rheims, 34. Il juge contre ses intérêts dans la querelle entre son bailly du Vaudreuil et l'archevêque de Rouen, pour la coupe des bois de Louviers ; il épouse Marguerite de Provence ; sagesse de son Gouvernement, 38. Réforme les abus du clergé, 39. Bat les Anglais à Taillebourg ; part pour la Terre-Sainte ; confie la Régence à sa mère, 41. Il hérite du Comté d'Evreux ; fonde l'Hôtel Dieu de Vernon, 42. Il assiste au sacre de Raoul de Gros-Parmi, Evêque d'Evreux, 45. Il établit Philippe de Chours, Evêque d'Evreux, Régent, en cas de décès de ceux qu'il avait nommés, 46. Il part pour Tunis et y meurt, 47.*

Louis Hutin, *fils aîné et successeur de Phi-*

M.

N.

O.

P.

Q

Philippe IV *dit* le Bel, *succède à Philippe-le-Hardi, son père; il est couronné à Rheims, avec Jeanne de Navarre, son épouse*, 54. *Il a des égards particuliers pour Louis, Comte d'Evreux, son frère consanguin*, 55. *Il emploie des forces formidables pour soumettre les Flamands; il triomphe et vient en rendre gráces dans la cathédrale de Paris, où un monument consacre la victoire de Mons-en Puelle*, 65 *et suiv. La fin de sa vie est tourmentée par des remords et les chagrins que lui occasionnent les attaques juridiques intentées par ses trois fils contre leurs épouses*, 69. *Il meurt à Fontainebleau*, 71.

Philippe V *dit* le Long, *succède à Louis Hutin*, 78. *Il donne Jeanne, sa nièce, héritière du Royaume de Navarre, en mariage à Philippe, fils aîné du Comte d'Evreux*, 79 *et* 80.

Philippe VI *dit* de Valois, *succède à Charles-le-Bel, rend la couronne de Navarre à Jeanne et Philippe, Comte d'Evreux*, 85. *Il pousse vigoureusement la guerre contre les Flamands révoltés*, 86. *Il anéantit leur armée; gagne la bataille de Mont-Cassel*, 88 *et* 89.

Pierre de la Brosse, *valet de chambre bar-*

Q.

R.

S.

Saint-Louis. *La première Eglise dédiée sous son invocation, est celle des Frères Prêcheurs d'Evreux,* 64.

Sédan. *Principauté échangée contre le Comté d'Evreux,* 177.

Simon, Sire de Chambray, *fonde dans la cour de son château une Chapelle bénie par Raoul de Cierrey, Evéque d'Evreux,* 41.

Simon de Montfort, *frère du dernier Comte d'Evreux, se distingue à la tête des Albigeois ; surnommé le Machabée, il périt devant Toulouse,* 27 et 28.

Soubise ; *branche issue du mariage du Vicomte de Rohan avec la fille aînée de Jeanne, Reine de Navarre et Comtesse d'Evreux,* 107.

Stuart (Jean) sire d'Aubigny, *Connétable d'Ecosse, obtient le Comté d'Evreux ; il ne le possède que quelques mois,* 172.

T.

Thibault ; *Archevéque de Rouen, a un démêlé avec le Bailly du Vaudreuil, pour la coupe des bois de Louviers,* 37. *Louis IX donne gain de cause à l'Archevéque,* 38.

V.

Vaultier, *Evêque d'Evreux, excommunie le Bailli du Vaudreuil, à l'occasion de la contestation entre ce dernier et l'Archevêque de Rouen, pour la coupe des bois de Louviers*, 37. *Il lève l'excommunication après la décision de Louis IX*, 38.

Vernon. *Son Hôtel-Dieu fondé par Louis IX*, 42. *Lieu où l'on célèbre le mariage de Louis Hutin avec Marguerite de Bourgogne*, 68. *Brûlé par les Anglais*, 104. *Charles-le-Mauvais y signe un traité avec le Dauphin*, 143. *Duguesclin y fait ses dispositions pour la bataille de Cocherel*, 150. *Le Roi de Navarre et Charles V y signent un nouveau traité*, 155. *Soumis à Charles VII, par Robert de Floques, natif d'Evreux*, 172.

Verneuil *tombe au pouvoir de l'armée combinée des Navarrois et des Anglais; cette ville est pillée*, 128. *Est soumis à Charles VII, par Robert de Floques, natif d'Evreux*, 172.

Vieux-Rouen, *hameau de Saint-Pierre-du-Vauvray*, 195.

R

Fin de la Table des Matières.

www.ingramcontent.com/pod-product-compliance
Lightning Source LLC
Chambersburg PA
CBHW062326070726
47596CB00008B/306